社会学概论学习指导
（第 3 版）

刘臣 编

国家开放大学出版社 · 北京

图书在版编目（CIP）数据

社会学概论学习指导 / 刘臣编. —3 版. —北京：
国家开放大学出版社，2021.1
ISBN 978 - 7 - 304 - 10700 - 0

Ⅰ．①社… Ⅱ．①刘… Ⅲ．①社会学—概论—开放教
育—教材 Ⅳ．① C91

中国版本图书馆 CIP 数据核字（2020）第 272634 号

社会学概论学习指导（第 3 版）
SHEHUIXUE GAILUN XUEXI ZHIDAO
刘臣　编

出版·发行：国家开放大学出版社	
电话：营销中心 010 - 68180820	总编室 010 - 68182524
网址：http://www.crtvup.com.cn	
地址：北京市海淀区西四环中路 45 号	邮编：100039
经销：新华书店北京发行所	

策划编辑：赵文静	版式设计：何智杰
责任编辑：苏雪莲	责任校对：张　娜
责任印制：赵连生	

印刷：三河市骏杰印刷有限公司
版本：2021 年 1 月第 3 版 　2021 年 1 月第 1 次印刷
开本：787mm×1092mm　1/16
印张：12.5　字数：276 千字

书号：ISBN 978 - 7 - 304 - 10700 - 0
定价：25.00 元

前 言　□□□   PREFACE

　　《社会学概论学习指导》(第3版)是为了配合主教材《社会学概论》(第3版)而编写的辅导教材。编写本书的目的是：①作为教师辅导学生学习时的参考书；②启发学生更好地理解、掌握主教材的内容，开阔学生视野，增强学生学习社会学的兴趣。

　　本书内容主要分为三大部分：

　　第一部分，教学大纲。介绍各章的基本结构和主要知识，提示社会学的基本理论和基本知识，说明各章的教学重点及难点。

　　第二部分，学习指导。主要包括以下内容：

　　(1)重要名词、术语。从各章节中摘引出的要求学生重点掌握的名词、术语，除了主教材已有说明，必要时再做一些补充解释，以便学生更全面地理解名词、术语的意义。同时，根据主教材内容，又增加了一部分内容，以加深学生的理解。

　　(2)重要理论和难点。在主教材部分章节一些比较重要的理论和知识难点不便深入地展开讨论，故在本书中再做一些补充阐释，以开拓学生思路，深化理解。

　　(3)综合练习。这是为了体现"以学生为中心"的教学理念，帮助学生学习而设计的。通过练习，学生可以了解自身对各章基本理论和基础知识的掌握程度。

　　(4)综合练习参考答案。

　　第三部分，期末复习指导及期末考试试题样题。这是为了使学生更好地把握考试内容而安排的。样题设置的目的是使学生在学习过程中熟悉考试题型及答题要求，以便顺利完成考试。

　　本学习指导以《社会学概论》(第3版)为依据，在上一版学习指导的基础上由刘臣教授编写。由于时间紧迫，编者水平有限，书中难免存在不妥之处，敬请读者批评指正。

编　者

2020年8月

目 录 □ □ □ CONTENTS

教学大纲

第一部分　大纲说明

一、本课程的性质

"社会学概论"是国家开放大学经济管理类、行政管理类等专业开设的一门专业基础课程，由国家开放大学统一开设。

二、本课程的任务

本课程是为培养优秀的企业管理人员、行政管理人员、公关人员服务的，目的是教授学生社会学入门的基础知识、基本理论、基本技能，使学生掌握社会学的理论、方法和应用，提高学生分析问题、解决问题的能力，并熟练运用社会学的基本理论来指导工作和生活，为学习其他相关专业的基础课程和专业课程打下良好基础。

三、本课程教材编写的指导原则

根据国家开放大学学生的培养目标，为适应开放教育的规律和成人学习的特点，按照规定的学时，本着"必须""够用"和"理论与应用并重"的原则，培养学生在坚实的理论基础上，理解、分析和解决实际问题的能力；内容力求简明扼要、概念明确、理论清晰、逻辑性强；力求深入浅出，通俗易懂，便于学生自学；注意删繁就简，以简驭繁，循序渐进，重点突出。

四、基本要求

（1）重点掌握的内容。要求学生对这部分内容能够深刻理解并熟练掌握，同时能准确地加以应用。

（2）一般掌握的内容。要求学生对这部分内容能够理解并掌握。

（3）一般了解的内容。要求学生对这部分内容有所知悉。

重点掌握的内容、一般掌握的内容，就是每章教学目的和要求中所说的重点掌握、一般掌握的内容；其余部分为一般了解的内容。社会学既是一门理论性的社会学科，也是一门应用性较强的社会学科，在学习时学生应理论联系实际，独立思考，不要只为应付考试而拘泥于背诵条文。每章附设练习题，以帮助学生完整而深入地掌握各章重点内容。

主教材第十四章"社会调查研究方法"，教师应根据各专业学生的情况，实际讲授时可深可浅。一些统计分析方法，对于没有学过统计学的学生，只要求了解意义，不必要求掌握计算方法。

五、教学环节

1. 录像教学

录像教学是国家开放大学传授教学内容的重要手段，是国家开放大学学生获取知识的重要手段。本课程采用录像教学，以教学大纲为指导，以文字教材为基础，结合现实社会发生的典型案例，深入讲述教学疑难点，与学习指导一起，讲述学习的思路、方法，帮助学生掌握本课程的基本知识及原理，保证教学质量。

2. 面授辅导

面授辅导是国家开放大学学生接触教师、解决疑难问题的重要途径，是弥补开放教育缺少师生双向交流的有效形式。面授辅导应结合录像课，以教学大纲为依据，通过讲解、讨论、座谈、答疑等方式，培养学生独立思考，分析问题、解决问题的能力。

辅导教师要认真钻研教学大纲和文字教材，熟练掌握本课程的基本原理、疑难点，并能运用生动、恰当的语言和实例进行讲解；要熟悉和了解开放教育的规律，研究学生的心理特点，为学生学习提供优秀教学服务。

3. 自主学习

自主学习是开放教育的特点，是学生系统获取学科知识的重要方式之一，因此对学生自学能力的培养与提高是开放教育的目标之一。各教学机构在教学的各个环节，都应重视对学生自学能力的培养。学生要以自主学习为主，兼看录像、参加辅导课来获取知识。

4. 教学实践

培养学生成为应用型人才是开放大学的培养目标，教学实践是实现培养目标的重要手段。在教学过程中，各教学机构要结合教学进度，依据教学内容，安排学生参观、社会调查并交流，同时要求学生撰写参观体会或调查报告。

5. 考核考试

考核考试是检查教与学效果的重要方式，是教学环节不可缺少的部分，是保证教学质量、培养合格人才的重要手段，必须予以高度重视。考核考试主要检验学生对社会学基本理论、基本知识的掌握程度，检测学生运用社会学基本理论对现实社会发展的分析能力。

考核考试由国家开放大学统一组织、统一命题、统一考试时间、统一评分标准。本课程考核考试形式为闭卷，具体的考试题型及答题要求、复习范围见本书后的考核说明及样题。

第二部分　媒体分配

　　本课程教学媒体的分配主要有文字教材和录像教材两种形式。

　　文字教材是开放教育教学最基本的媒体。本课程文字教材采用分立型，包括主教材和辅助教材。主教材主要讲授本课程的基本理论、基本知识；辅助教材包括学习指导和学习参考资料。为了压缩辅助教材的文字量，学习参考资料的内容与学习指导的内容编在一册。

　　录像教材是文字教材的配套教材，本课程依然采用录像形式，以讲授为主，讲授本课程的学习方法、重点内容、疑难点，共讲授 18 学时，其余为自学和作业学时。录像播出学时、期末复习学时、自学和作业学时四项共计 72 学时。学时分配见表 1。

表 1　学时分配

章节	教学内容	学时
第一章	社会学的研究对象与学科特点	4
第二章	人的社会化	6
第三章	社会交往	5
第四章	初级社会群体	5
第五章	社会组织	5
第六章	社区	5
第七章	社会阶层与社会流动	5
第八章	社会制度	5
第九章	社会控制	5
第十章	社会问题	6
第十一章	社会保障与社会工作	5
第十二章	社会变迁	5
第十三章	社会现代化	5
第十四章	社会调查研究方法	6

第三部分　教学内容

第一章　社会学的研究对象与学科特点

教学目的与要求：通过学习，学生应重点掌握社会学这门学科产生的历史背景和科学条件，社会学的含义与特点，社会学与历史唯物主义的关系，社会学的功能等；掌握社会学学科的形成，中国社会学的产生与发展，社会的含义及表现形式等。

第一节　什么是社会学
　一、社会学的产生和历史发展
　二、对社会学的界定及阐释
第二节　社会学的研究对象与研究领域
　一、社会学的研究对象
　二、社会学研究的领域与特点
第三节　社会学的学科体系与功能
　一、社会学的学科体系
　二、社会学与其他学科的关系
　三、社会学的功能

第二章　人的社会化

教学目的与要求：通过学习，学生应重点掌握人的社会需要的地位，马克思主义的需要理论和马斯洛的需要层次理论，基本社会化的内容，继续社会化的动因等；掌握人的社会需要的特点，马斯洛的需要层次理论的意义，人的社会化的必要性和可能性，社会化的实施机构、社会化与个性形成的关系等。

第一节　人的社会需要
　一、人的社会需要的含义与地位
　二、马克思主义的需要理论
　三、马斯洛的需要层次理论
　四、社会需要理论的社会学意义

第三章　社会交往

教学目的与要求：通过学习，学生应重点掌握社会交往的含义，社会交往的意义，竞争成立需要满足的条件，马克思的社会交往理论，符号相互作用论，社会交换理论，角色扮演的基本阶段等；掌握群体交往的特点，哈贝马斯的交往行动理论，社会角色及复式角色、角色丛、角色扮演等。

第一节　社会交往的意义与类型

一、什么是社会交往

二、社会交往的意义

三、社会交往的类型

第二节　社会交往的理论

一、马克思的社会交往理论

二、符号相互作用论

三、其他有关社会交往的理论

第三节　社会角色

一、社会角色与社会地位

二、社会角色的类别

三、角色扮演

第四章　初级社会群体

教学目的与要求：通过学习，学生应重点掌握社会群体的含义与特征，初级社会群体的含义、特征及其功能，家庭的社会功能及其变迁趋势等；掌握家庭的含义与类型，传统中国婚姻家庭的特征，转型中国的婚姻与家庭等。

第一节　社会群体及其类型

一、社会群体的形成与特征

二、社会群体的类型

三、初级社会群体的含义与特征

四、初级社会群体形成的条件及功能

第二节　初级社会群体的典型——家庭

一、家庭的含义与发展

二、家庭的类型

三、家庭的社会功能

第三节　中国的婚姻与家庭

一、中国婚姻与家庭的传统

二、社会主义中国的婚姻与家庭

三、转型中国的婚姻与家庭

第五章　社会组织

教学目的与要求：通过学习，学生应重点掌握社会组织的含义、特征、构成要素及结构，家长制，"经济人"假设和"社会人"假设的内容，"X理论"与"Y理论"，科层制的含义、特征及功能等；掌握社会组织目标的含义，社会组织目标对组织存在和发展的意义，行为科学管理理论，我国组织管理方面存在的问题及组织管理创新等。

第一节　社会组织的特征与结构

一、社会组织的含义与特征

二、社会组织的构成要素与结构

第二节　社会组织的目标与运行

一、社会组织目标的含义和意义

二、社会组织目标的结构

三、社会组织目标的确定

四、社会组织的运行

第三节　社会组织的管理

一、社会组织的管理方式及管理理论

二、科层制及其功能分析

三、我国的组织管理经验与创新

第六章　社区

教学目的与要求：通过学习，学生应重点掌握社区的含义、构成要素及分类，芝加哥学派的社区研究，城市社区与农村社区的特征，城市化的动力和城乡协调发展等；掌握农村社区、城市社区的结构与发展，我国的新农村建设与乡村振兴等。

第一节　社区与社区研究

一、社区概念的来源及含义

二、社区的构成要素与分类

第二节　农村社区

一、农村社区的特征

二、农村社区的结构

三、中国农村社区的变化与发展

第三节　城市社区

一、城市社区的含义与特征

二、城市社区的结构

三、城市的发展

第四节　城乡协调发展

一、城乡关系：从对立到协调发展

二、我国的新农村建设与乡村振兴

三、城市社区建设与城市发展方略

第七章　社会阶层与社会流动

教学目的与要求：通过学习，学生应重点掌握社会分化的含义与类型，社会分层的三标准和三种理论，马克思主义的阶级理论，社会流动的含义及影响社会流动的因素等；掌握社会阶层的基本特征，社会分层的方法，社会流动的类型，改革开放以来我国的社会流动等。

第一节　社会分化与社会阶层

一、社会分化

二、社会阶层与社会阶级

第二节　社会分层

一、社会分层的理论

二、社会分层的标准与方法

三、我国的社会阶级和社会阶层

第三节　社会流动

一、社会流动的含义与类型

二、社会流动的研究与影响因素

三、改革开放以来我国的社会流动

第八章 社会制度

教学目的与要求：通过学习，学生应重点掌握社会制度的含义、特征、构成要素与功能，走向社会现代化进程中的制度建设等；掌握社会制度的类型与体系，制度建设与制度化等。

第一节 社会制度的含义与类型

一、社会制度的层次与含义

二、社会制度的特征

三、社会制度的类型与体系

第二节 社会制度的构成要素与功能

一、社会制度的构成要素

二、社会制度的功能

第三节 社会制度的建设与变迁

一、社会制度建设与制度化

二、社会制度的变迁

第九章 社会控制

教学目的与要求：通过学习，学生应重点掌握社会控制的含义与功能，法律、道德、社会舆论的社会控制作用，社会失范论、"手段–目标"论、标签论三大理论和从社会管理到社会治理等；掌握社会控制的类型，越轨行为的含义与类型，犯罪的预防与治理等。

第一节 社会控制的含义与功能

一、社会控制的含义

二、社会控制的类型

三、社会控制的功能

第二节 社会控制的方式

一、习俗、道德和宗教

二、政权、法律和纪律

三、社会舆论

第三节 越轨行为及其治理

一、越轨行为及其类型

二、对越轨行为发生原因的解释

三、犯罪行为及其治理

四、我国的社会治理

第十章　社会问题

教学目的与要求：通过学习，学生应重点掌握社会问题的含义及其成因，社会问题与社会发展的关系，人口问题的实质，我国的人口问题影响因素及解决途径，就业与失业的概念，失业的成因、影响，我国就业问题的解决途径，改革开放以来我国的反贫困实践等；掌握社会问题产生的一般原因，贫穷的类型等。

第一节　社会问题的含义及其成因

一、什么是社会问题

二、社会问题产生的一般原因

三、社会问题与社会发展

第二节　人口问题

一、人口问题及其实质

二、我国的人口问题

第三节　劳动就业问题

一、就业与失业

二、我国的就业问题及其解决途径

第四节　贫困问题

一、贫穷的定义及类型

二、世界贫穷问题及对贫穷的解释

三、我国的贫穷问题及反贫困实践

第十一章　社会保障与社会工作

教学目的与要求：通过学习，学生应重点掌握社会保障的含义、特点、内容与功能，社会工作的含义、功能与工作方法，我国的社会保障与社会工作实践等；掌握社会保障的理论与模式，对我国社会保障制度取得的成就及存在的问题有清楚的认知，计划经济时期我国城乡社会保障的特点及得失，社会工作的工作方法的基本内容，我国社会工作的实践等。

第一节　社会保障

一、社会保障的含义、特点与内容

二、社会保障的演进与功能

三、社会保障的理论与模式

第二节　社会工作

　一、社会工作的含义与种类

　二、社会工作的演进与功能

　三、社会工作的理论与方法

第三节　我国的社会保障与社会工作

　一、我国的社会保障与社会工作的历史

　二、我国社会保障和社会工作的实践

　三、我国社会保障制度的改革

　四、建立健全社会工作体系

第十二章　社会变迁

教学目的与要求： 通过学习，学生应重点掌握社会变迁的含义、促使社会变迁的因素，马克思主义的社会变迁理论，社会进化论，社会均衡论，全球发展理论，社会发展战略等；掌握社会变迁的类型，历史循环论，社会冲突论，社会规划等。

第一节　社会变迁及其原因

　一、社会变迁的含义与类型

　二、促使社会变迁的因素

　三、马克思主义的社会变迁理论

第二节　社会变迁的理论

　一、历史循环论

　二、社会进化论

　三、社会均衡论

　四、社会冲突论

第三节　社会规划与社会发展

　一、有计划的社会变迁

　二、社会规划及其类型

　三、社会发展

第十三章　社会现代化

教学目的与要求： 通过学习，学生应重点掌握社会现代化的含义、基本内容，我国社会现代化的目标与基本实践，现代化趋同论，依附理论等；掌握社会现代化问题的提出，马克思关于社会现代化的观点，"后发展"国家的优势和困难等。

第一节　社会现代化概述

第十四章　社会调查研究方法

教学目的与要求：通过学习，学生应重点掌握社会调查研究的概念、特点、方法体系，选题，访谈法，问卷法，调查研究报告的撰写等；掌握提出研究假设的意义及应遵循的原则，研究课题的操作化，设计调查方案，审核资料的原则与调查资料的整理等。

学习指导

第一章　社会学的研究对象与学科特点

一、重要名词、术语

1. 孔德

社会学创始人，法国实证主义哲学家。主要著作有《实证哲学教程》《实证政治体系》等。孔德从秩序、进步的原则出发提出他的社会学构想。他的思想深受 18 世纪法国启蒙思想家关于"意见支配世界"的影响，并以法国大革命时期社会理论家孔多塞和圣西门的思想作为其理论来源。但孔德的社会学思想与其先驱有所不同，他认为秩序是一切进步的前提和基础，在社会观上主张渐进的改良主义。孔德认为，在整个世界发展中，群体、社会、科学甚至个人思想，都经历了三个发展阶段：① 神学阶段（约 1300 年以前），又名虚构阶段，在这个历史时期中，社会和自然都被看成神创的。② 形而上学阶段（1300—1800 年），又名抽象阶段，其特征是崇拜抽象力并以抽象的本质如"自然界"为现存事物的终极原因，而不以人格化的神来解释现存事物。③ 科学阶段（1800 年以后），又名实证阶段，以科学信仰为其特征。人们开始放弃以神祇自然界为现存事物的本质原因的探求，致力于观察现象和探讨支配自然和社会的规律。与人类理智发展的神学、形而上学和科学三阶段相对应的社会组织形式分别是军事社会、法律社会和工业社会，相应的政权组织形式分别为神权政体、王权政体和共和政体。

孔德认为，研究社会现行的方法十分重要。为了获得实证知识，他提出了观察法、实验法、比较法和历史法四种方法。他认为社会与自然界并无本质的不同，研究自然界的方法应该贯彻到研究社会中去。这就为实证主义社会学奠定了方法论的基础。孔德又按物理学的分类方法把社会学分为社会动力学和社会静力学。孔德开启了社会学实证主义传统的先河，成为 100 多年来西方社会学发展中的主流。

2.《社会契约论》

法国思想家卢梭 1762 年所作。书中试图回答为什么强迫一个人服从另一个人，或一个人凭什么对另一个人行使权力的问题。卢梭的结论是：只有一种为全体人民所自由接受的契约，才能使一个人既受社会约束，又保留其自由意志。他的"社会契约"论超过了英国的经济自由主义和孟德斯鸠的实证论。他对"自然教育"及师生之间自由地认可的"契约"所做的探索是全部现代教学法运动的根源。

3. 严复

中国近代启蒙思想家，中国社会学的先驱。福建侯官（今闽侯县）人。1866 年入福州马尾船厂附设的船政学堂学习。1877 年去英国学习海军，1879 年回国后历任天津北洋水师学堂总教习、总办等职。1906 年任复旦公学校长，1908 年任审定名词馆总纂及资政院议员。辛亥革命后，一度任北京大学校长。

中国在甲午战争失败后，处于亡国灭种的危机之中，严复积极投身于正在兴起的维新运动。他接连发表多篇政治论文，对专制政体进行尖锐抨击，反对顽固保守，提倡学习西方，大胆进行变法维新。这也促使他成为 19 世纪末中国著名的启蒙思想家，也是中国共产党诞生以前向西方寻求真理的代表人物之一。在维新运动不幸夭折后，为了继续追求维新变法，严复集中精力于西方资产阶级论著的翻译工作。其中，他翻译的英国早期社会学家斯宾塞的《社会学研究》（中译本名为《群学肄言》）于 1903 年出版。由于翻译了《社会学研究》一书以及他的变法思想，严复成为中国社会学启蒙时期具有代表性的先行人物。

4. 康有为

广东南海人。伟大的爱国主义者，中国近代资产阶级革命思潮的代表人物之一。1888—1898 年，鉴于中国屡败于帝国主义国家，不忍祖国被列强"瓜分豆剖"，为了改变祖国"兵弱财穷"的状况，康有为曾七次上书光绪帝，主张变法。1888 年第一次上书变法，未达到光绪帝的"御目"。后回广州，于 1891 年在广州长兴里万木草堂建立长兴学舍。在长兴学舍的教学大纲中，有"经世之学"学科，在该学科中设有"群学"课程。康有为所讲的"群学"，按照他最得意的学生、学术思想的继承人梁启超所说，属于"经世致用"之学，是如何管理、教育、组织群众之学。梁启超在康有为的引导下，陆续撰写了《论合群》《论小说与群治之关系》《论宗教与群治之关系》等文章，申论"群学"，并在《进化论革命者颉德之学说》一文中，提出"人群学"一词。从而可知，康有为、梁启超实为中国社会学启蒙时期的代表人物，康有为所讲"群学"是中国社会学启蒙时期的最早声音。

5. 《群学肄言》

《群学肄言》是严复翻译的英国早期社会学家斯宾塞的《社会学原理》的绪论部分。1903 年在上海文明编译书局出版，书名定为《群学肄言》，即"如何学习社会学"的意思。1897 年严复先为上海国闻报社翻译了前两章内容，名为《砭愚篇》和《倡学篇》，1901—1902 年陆续译完其他内容，共 16 章，于 1903 年出版。译文古雅而精深，文章可朗朗成诵，一时风行海内。

6. 社会学

社会学是从变动着的社会系统整体出发，通过人们的社会关系和社会行为来研究社会结构和过程以及变化规律的一门综合性的社会学科。

7. 系统

所谓系统，就是相互联系的要素的复杂组合。一个系统本身就具有组织的复杂性、整体性，且组织各要素之间相互依存。社会学把社会作为一个系统、整体来看待。当代社会学越来越多地采用现代系统的方法和观点来研究社会。

8. 社会

社会是指具有一定联系、相互依存的人们组成的超乎个人的社会生活的形式。

9. 社会关系

社会关系是指人与人之间的关系，它是人与人之间比较稳定的交往模式。

10. 社会结构

社会结构是指社会各组成部分之间稳定的关系模式。

11. 社会行动

社会行动是人们有意识的、赋予其一定意义、指向他人并期望对其产生影响的行为举止。

12. 社会过程

社会过程是一个社会产生、发展、变化的状态和路径。

13. 理论社会学

理论社会学又称纯粹社会学，指从纯理论的角度研究社会现象，探析社会现象形成的原因及其相互关系，其研究重点主要包括社会发展动力、社会因素、社会过程、社会组成、社会控制等。理论社会学是社会学的传统研究领域。从孔德的实证哲学开始，其研究的中心都是理论社会学的内容。

14. 应用社会学

应用社会学（又称部门社会学）是指把社会学的理论知识（包括观点、方法、原理）应用于社会实际生活、社会现象和社会问题的研究，分析具体问题、有科学依据地提出解决问题的思路和建议的研究领域。应用社会学在我国既可以为政府制定有关方针、政策和发展计划提供参考依据，也可以为民众的社会生活提供指引。

15. 社会学研究方法

社会学研究方法是专门研究社会学认识社会的工具的学术领域。社会学研究方法分为定量（量化）研究方法和定性（质性）研究方法两大类，它们又分为方法论、研究方式、研究技术几个层次。主要包括实地调查、问卷调查、文献研究、个案研究、实验研究等。

二、重要理论和难点

1. 社会学产生的历史背景和科学条件

社会学是一门研究社会的学科。19 世纪 30 年代，社会学创始人、法国实证主义哲学家孔德在他的多卷本哲学名著《实证哲学教程》第四卷中第一次提出"社会学"这个新名词，以及建立这门新学科的大体设想。后来，社会学界认为社会学作为一门独立的学科是从孔德开始的。

社会学产生的历史背景：

19 世纪上半叶是资本主义的上升时期，资本主义经济获得快速发展。工业化、市场化的快速发展带来整个社会的急剧变化，资本主义的弊端开始逐步暴露。资本主义在发展中产生的社会矛盾、阶级矛盾、社会分化和社会问题，引起人们的思索。人们急切地想搞清楚这究竟是怎么一回事，资本主义社会要向哪里去，怎样解决这些社会问题。这就要求有一门综合性的社会学科来解答这些问题。

社会学产生的科学条件：

欧洲文艺复兴带来了自然科学的繁荣，到孔德时代，天文学、地理学、数学、物理学、力学、生物学等领域都取得了重大成果。特别是牛顿力学体系的完成，向学者们展示了用自然科学方法解决问题的诱人前景。许多哲学家、经济学家和政治学家等对资本主义的生产关系、社会关系，以及未来社会的前景做了深入研究。应该特别指出的是，圣西门等空想社会主义者的研究是孔德提出建立社会学学科的重要学术基础。

2. 欧洲三大空想社会主义者

被列宁誉为马克思主义三个来源之一的空想社会主义思想，在19世纪上半叶进入高潮。三大空想社会主义者——圣西门、傅立叶和欧文，可以被认为既是共产主义运动的先驱，也是社会学这门学科产生的先驱。他们三人的主要贡献是：① 对资本主义制度进行了尖锐的批判，提供了启发工人觉悟和科学地研究资本主义的宝贵材料。② 在他们的著作中，天才地预示了一些社会真理。后来马克思和恩格斯科学地论证了这些真理的正确性。③ 在他们关于未来社会的预测和幻想性的描绘中，含有许多积极的结论，如圣西门提出"人人应当劳动"的原则等。

3. 社会学的形成

孔德提出了"社会学"这个新名词以及建立这门新学科的大体设想，但他自己并没有进行过真正的社会学研究，后来一些学者以社会学的名义开展社会学研究，并促使这一学科基本形成。其主要代表人物有斯宾塞、迪尔凯姆和韦伯等。

斯宾塞是英国哲学家和社会学家。受达尔文生物进化论的影响，他将社会与生物有机体相类比，并成为社会进化论的创始人。他撰写了《社会学研究》《社会学原理》等社会学著作，阐明社会学的基本原理，将社会学研究具体化，推动了社会学的发展。

迪尔凯姆（也称涂尔干）是法国第一个获得任命的社会学教授。他明确指出社会学有独立的研究对象，即社会事实。他撰写了《社会分工论》《自杀论》《社会学方法的规则》等著作，提出了"机械团结""有机团结"等概念。他用统计方法研究自杀现象，成为最早用实证方法研究社会现象的社会学家。迪尔凯姆对社会学的发展做出了重大贡献。

韦伯是德国社会学家。他开创了与实证主义社会学相对立的"理解的"社会学传统。在方法论上，他提出"理想类型"的观点以及"价值中立"的主张。他在社会行动、权力和权威、科层制等方面的研究，对后来社会学的发展产生了重大影响，他也成为世界范围内最有影响的社会学家之一。

到20世纪初，社会学的研究对象逐渐明确，研究方法不断系统化，这标志着社会学作为一门学科基本形成。

4. 中国社会学的产生与发展

1903年严复将斯宾塞的《社会学研究》全书译出，并交由上海文明编译局出版，名为《群学肄言》。后来，学者们认为严复翻译《社会学研究》是社会学传入中国的开始。

社会学课程在我国高等学校出现是在20世纪初。1906年的"奏定京师法政学堂章程"中列有社会学课，1910年我国最早的新型大学——京师大学堂（北京大学前身）的课程表中也有社会学课程的记载。西南联大时期，清华大学的社会学研究也取得丰硕成果。

1952年中央政府在对高等学校进行院系调整时取消了社会学，社会学研究被迫中断。改革开放后，邓小平同志在党的理论工作务虚会上强调，我国存在许多社会问题需要研究，指出社会学"需要赶快补课"。于是，我国开始重建社会学。

40多年来，中国的社会学围绕改革开放、改善民生、社会建设、发展高等教育进行社会学研究，在转型社会研究等方面取得了丰硕的研究成果。社会学在促进经济社会建设方面发挥了重要作用，并逐渐成为一门"显学"。我国的社会学明显地表现出为改善民生和经济社会发展服务的取向，带有社会转型的特征。

5. 社会学的含义与特点

社会学的含义：

社会学是从变动着的社会系统整体出发，通过人们的社会关系和社会行动来研究社会的结构和过程以及变化规律的一门综合性的社会学科。

社会学的特点：

第一，社会学把社会作为一个系统、一个整体来看待。社会学把社会作为一个系统、一个整体的思想由来已久。自古典社会学家起，就一直把社会视作一个系统、一个整体。美国结构功能主义社会学兴起后，更加明确地提出这种看法。在这之后，社会学越来越多地采用现代系统的方法和观点来研究社会。这个特征从方法论上也可以叫作社会学的系统观、整体观。所谓系统，就是相互联系的要素的复杂组合。所谓整体，不是部分的累加，而是部分的有机组合。

第二，社会学研究从社会生活中人们之间的相互关系和社会行动入手。社会是人们社会关系的总和，研究社会的入手点就是人们的社会关系。社会行动是人们最普遍、最经常的活动。社会学研究就是要从社会行动入手，看研究对象承担的社会角色以及他们采取的行动。

第三，社会学研究方法上的综合性。社会学的系统观、整体观和从社会行动入手的方法论，导致社会学研究方法的综合性。社会学强调多因素的综合分析，以便更全面、更深入地探索社会诸方面的动态实况，社会学是研究社会的"广角镜"。

第四，社会学把社会内部、外部的关系放在社会运动与变化的过程中进行研究。社会是历史的社会，历史是社会的历史。社会作为一个系统，既有内部的结构，又有外部的关系，它们都处在持续变化的过程中。社会学研究就是要指出它们在运动过程中的规律。

6. 中国古代的"大同社会"思想

关于大同社会，《礼记·礼运·大同》中这样写道："大道之行也，天下为公。选贤与能，讲信修睦。故人不独亲其亲，不独子其子……是谓大同。"大同社会成为中国人的社会理想，深刻地影响着中国人的人生哲学，代表了中华民族的一种特性，也引领了中国近代思想家、革命家等在中国近代资产阶级革命中做出一系列震撼世界的革命工作。为了表达他们的理想、志向，孙中山写了"天下为公""世界大同"的座右铭，康有为在青年时代就撰写了具有历史意义的《大同书》。

7. 社会的含义及表现形式

社会的含义：

中国古籍中"社会"一词指的是什么意思？"社"是指用来祭神的地方，"会"就是集会。两个字合起来，就表示在一定的地方举行集会或祭神活动。其次，社会是指志趣相同者结合的团体，即许多人为了一个共同目标，聚集在一个地方进行某种活动。由此可知，"社会"这个词不能算是外来语。

马克思曾指出，社会（不管其形式如何）都是人们交互作用的产物。生产关系总和起来就构成所谓社会关系，构成所谓社会。

社会是指由具有一定联系、相互依存的人们组成的超乎个人的社会生活的形式。可以从以下三个方面对社会加以理解：① 社会是由有意志的个体组成的，社会是人们共同生活的结合体；② 社会是通过人们之间的交往和互动而形成和维持的，共同的兴趣或利益是人们结成社会的深层次原因；③ 社会是人们的社会关系的体系，社会关系维系和指导着社会成员的共同活动。

社会的表现形式：

当把社会看作人们通过一定的社会关系和交往而形成的、人们共同进行社会生活的形式时，社会就有了多种表现形式。社会学所研究的社会包括所有的人与人结合而成的群体和组织，城市和乡村、经济组织和社会团体、学校和志愿组织、家庭和邻里等都是具体的社会。

8. 社会学研究的特点

第一，整体性。社会学对社会现象的研究持整体性观点，即把社会视为一个有机的整体，社会各部分之间存在不可割裂的有机联系。整体性观点认为，社会、社会现象内部存在着复杂的联系，要研究具体社会和社会现象，就要把它们放入复杂的关系之中来考察。整体性观点就是不割裂重要的联系而孤立地研究社会现象，尤其是反对只看部分不看整体。整体性观点也不是无限制地扩大社会现象之间的联系，不因为强调普遍联系而损害对直接研究对象的聚焦。

第二，科学性。社会学研究的科学性主要是指研究方法的科学性。孔德强调自然科学研究中盛行的实证研究方法。实证研究方法强调证据，要用证据说话。社会学研究对定量方法的使用大大提高了这一学科的科学水平，同时社会学发展出的实地调查、个案研究、参与研究等方法也逐渐成为被认可的科学方法。

第三，应用性。社会学研究的应用性是指要把社会学的知识运用于社会实际，满足社会需求，解决社会问题。社会学作为应用型社会学科，不但注重理论和学术研究，而且特别注重研究成果的应用，关注现实问题，提出解决社会问题的思路和方法。在我国，社会学学科下的社会政策和社会工作专业，更加注重应用性和实务性。

第四，综合性。社会学研究的综合性包括两重含义：知识上的综合和方法上的综合。社会学研究的问题十分广阔，需要运用多种知识和方法。

总之，社会学研究要以社会学的知识为主，综合利用其他相关学科的知识，才能对社会现象做出深入、科学的研究。社会学研究方法上的综合性是指要运用多种研究方法，各种方法相互配合，深入研究。

9. 社会学与历史唯物主义的关系

第一，历史唯物主义是社会学研究的哲学基础，是社会学研究的科学的世界观、方法论。历史唯物主义从社会存在决定社会意识的基本原理出发，考察生产力和生产关系、经济基础和上层建筑的社会基本矛盾在社会发展中的决定作用，从而对社会发展的基本规律做了科学的说明。要想保证社会学研究的高度科学性，就必须自觉以马克思主义特别是历史唯物主义作为指导。

第二，社会学与历史唯物主义是有区别的。历史唯物主义是科学的社会历史观，属于哲学的范畴，而社会学是一门具体的社会学科。历史唯物主义从哲学的角度研究社会发展的一般规律，社会学则是运用自己特有的方法对具体社会现象进行研究。

第三，社会学的科学研究成果是历史唯物主义的源泉之一。历史唯物主义只有不断吸取具体的社会科学，包括社会学的成果，扎根于具体的社会科学之中，才能更加充实地发展自己。

综上所述，可以看出社会学与历史唯物主义是一般社会学科和哲学的关系，"替代论""取消论"都是错误的。

10. 社会学的功能

第一，掌握现代社会的基础知识，可以使人们更自觉地参与社会生活。社会学提供的不少有关社会的基础知识，实际上是现代社会公民不可缺少的知识。按照美国社会学家米尔斯的说法，社会学能够告诉人们现代社会生活中的基本知识，增强人们的理性，使其做文明、有判断力、适应现代社会需要的现代社会公民。

第二，开展科学研究，可以为政府决策部门提供科学依据。社会学的一个主要任务就是研究社会问题，了解社会问题的状况，分析其成因，并向决策者提出制定和完善政策的建议。社会学家的研究工作实际上相当于"民间智库"的作用。

第三，能够为制定社会发展战略和发展规划做出贡献。社会发展是一个综合的社会工程，经济因素在其中起到基础和领先的作用，但绝不是经济发展了，人们的福祉就提高了，社会和谐就增强了。社会是一个大的系统，其中的每一个部门都与其他部门有着不可分割、互相影响的关系。社会均衡地、协调地、健康地向前发展，就要求社会学能为它提供有益的论据。另外，社会学参与各种类型的发展规划研究，可以有效地促进经济社会的协调发展。

三、综合练习

（一）单项选择题

1. 19 世纪 30 年代第一次提出"社会学"这个新名词以及建立这门新学科的大体设想的社会学家是（　　）。

    A. 孔德　　　　　　　　　　　　B. 圣西门

    C. 牛顿　　　　　　　　　　　　D. 马克思

2. 首次出现"社会学"这个新名词的著作是（　　）。

    A.《共产党宣言》　　　　　　　B.《实证哲学教程》

    C.《资本论》　　　　　　　　　D.《社会分工论》

3. 1891 年在广州长兴学舍开设"群学"课程的是（　　）。

    A. 鲁迅　　　　　　　　　　　　B. 胡适

    C. 康有为　　　　　　　　　　　D. 严复

4. 中国社会学的创始人是（　　）。

    A. 陈千秋　　　　　　　　　　　B. 康有为

    C. 梁启超　　　　　　　　　　　D. 严复

5. 社会学传入中国的第一部译著是（　　）。

    A.《群学》　　　　　　　　　　B.《群学肄言》

    C.《社会学原理》　　　　　　　D.《社会学概论》

6. 20 世纪初在我国高等学校最早设置社会学课程的是（　　）。

    A. 京师法政学堂　　　　　　　　B. 京师大学堂

    C. 清华大学　　　　　　　　　　D. 南开大学

7. 我国重建社会学的时间是（　　）。

    A. 1977 年　　　　　　　　　　B. 1978 年

    C. 1979 年　　　　　　　　　　D. 1980 年

8. "社会"一词源于（　　）

    A. 法国　　　　　　　　　　　　B. 美国

    C. 英国　　　　　　　　　　　　D. 中国

9. 提出社会（不管其形式如何）都是人们交互作用的产物的是（　　）。

    A. 马克思　　　　　　　　　　　B. 恩格斯

    C. 列宁　　　　　　　　　　　　D. 斯大林

10. 人们有意识的、赋予其一定意义、指向他人并期望对其产生影响的行为举止是（　　）。

    A. 社会关系　　　　　　　　　　B. 社会结构

C. 社会行动　　　　　　　　D. 社会过程

（二）多项选择题

1. 19 世纪上半叶，资本主义国家工业化、市场化的快速发展带来整个社会的急剧变化，资本主义的弊端开始逐步暴露出来，这些弊端是（　　）。

A. 社会矛盾　　　　　　　　B. 阶级矛盾
C. 社会分化　　　　　　　　D. 社会问题
E. 人口负增长

2. 在社会学学科形成过程中，起促进作用的代表人物有（　　）。

A. 恩格斯　　　　　　　　　B. 斯宾塞
C. 迪尔凯姆　　　　　　　　D. 韦伯
E. 卢梭

3. 在社会学发展过程中，美国逐步形成了两大影响社会学界的学派——（　　）。

A. 纽约大学学派　　　　　　B. 芝加哥学派
C. 哈佛大学学派　　　　　　D. 马里兰大学学派
E. 哥伦比亚大学学派

4. 社会学的主要特点是（　　）。

A. 从不同角度看
B. 把社会作为一个系统、一个整体来看待
C. 社会学的研究从社会生活中人们之间的相互关系和社会行动入手
D. 社会学研究方法上的综合性
E. 社会学把社会内部、外部的关系放在运动与变化的过程中进行研究

5. 社会学研究主要关注的社会关系是（　　）。

A. 血缘关系　　　　　　　　B. 地缘关系
C. 业缘关系　　　　　　　　D. 趣缘关系
E. 族群关系

6. 社会学研究的特点是（　　）。

A. 整体性　　　　　　　　　B. 科学性
C. 理论性　　　　　　　　　D. 应用性
E. 综合性

7. 美国社会学家布洛维把社会学分为四种类型，即（　　）。

A. 专业社会学　　　　　　　B. 政策社会学
C. 批判社会学　　　　　　　D. 公共社会学
E. 服务社会学

8. 研究方法是收集资料的类型方法，主要包括（　　）。

A. 实地调查   B. 问卷调查

C. 文献研究   D. 个案研究

E. 实验研究

9. 社会学的功能包括（　　　）。

A. 掌握现代社会的基础知识，可以使人们更自觉地参与社会生活

B. 开展科学研究，可以为政府决策部门提供科学依据

C. 能够为制定社会发展战略和发展规划做出贡献

D. 提升社会公民的道德素养

E. 推进世界大同发展

（三）重要名词

《群学肄言》　社会学　社会　社会关系　社会结构　社会行动　社会过程　理论社会学　应用社会学　社会学研究方法

（四）思考题

1. 试述社会学产生的历史背景。

2. 试述社会学的含义与特点。

3. 试述社会的含义。

4. 试述社会学研究的特点。

5. 试述社会学与历史唯物主义的关系。

6. 试述社会学的功能。

四、综合练习参考答案

（一）单项选择题

1. A   2. B   3. C   4. D   5. B   6. A   7. C

8. D   9. A   10. C

（二）多项选择题

1. ABCD   2. BCD   3. BC   4. BCDE   5. ABC   6. ABDE   7. ABCD

8. ABCDE   9. ABC

（三）重要名词

《群学肄言》　　（答案参见重要名词、术语5）

社会学 　　　　　（答案参见重要名词、术语 6）

社会 　　　　　　（答案参见重要名词、术语 8）

社会关系 　　　　（答案参见重要名词、术语 9）

社会结构 　　　　（答案参见重要名词、术语 10）

社会行动 　　　　（答案参见重要名词、术语 11）

社会过程 　　　　（答案参见重要名词、术语 12）

理论社会学 　　　（答案参见重要名词、术语 13）

应用社会学 　　　（答案参见重要名词、术语 14）

社会学研究方法 　（答案参见重要名词、术语 15）

（四）思考题

1. 试述社会学产生的历史背景。（答案参见重要理论和难点 1）

2. 试述社会学的含义与特点。（答案参见重要理论和难点 5）

3. 试述社会的含义。（答案参见重要理论和难点 7）

4. 试述社会学研究的特点。（答案参见重要理论和难点 8）

5. 试述社会学与历史唯物主义的关系。（答案参见重要理论和难点 9）

6. 试述社会学的功能。（答案参见重要理论和难点 10）

第二章　人的社会化

一、重要名词、术语

1. 人的社会需要

社会学认为，人的社会需要是人在一定的社会生活情境下，由于对某种客观事物的缺乏而期望得到满足的心理状态。

2. 人的社会化

人的社会化是指一个出生后不知不识的生物个体，经过学习知识、技能和社会规范，发展自己的个性和社会性，把自己整合到群体中去，从而使社会不断延续和发展的基本过程。

3. 依赖生活期

人出生后有一个较长的生理上、心理上不能独立生活的依赖期，在这段时期中，必须依赖父母或其他人抚养成人。人类的依赖生活期，一般要在 16 年以上，与其他动物相比，这段时期是较长的。

4. 人生观

人生观是指人们如何观察、看待人生，理解人生，即是对人生的根本看法。人生观对人们的生活道路和归宿起着决定性作用，而且会影响国家和民族的未来发展。

5. 大众传播媒介

大众传播媒介是以社会公众为对象，对其进行信息传播的工具，包括广播、电视、报纸杂志、书籍和网络媒体等。

6. 基本社会化

基本社会化是指从出生到成年以前这一阶段的人的社会化，即婴儿－青年学习社会规范、增加自己的社会性的过程。

7. 心理上的断乳

心理上的断乳也称社会性断乳，它是相对于母体对婴儿的生理上的断乳而言的。生理上的断乳是指停止母乳喂养，这种"割断"婴儿对母亲身体的依赖，会给婴儿的生存带来危机和挑战。心理上的断乳是指少年在其成长过程中力图脱离家庭及其他方面的监护，独立自主地活动，但自身经验又不足，从而产生的危机状况。这种危机不是生理性的，而是心理和社会性的。

8. 代沟

代沟的概念由美国人类学家玛格丽特·米德提出。她用代沟来形容两代人在价值观念、行为方式上的差异。两代人隔"沟"相望，互不理解。

9. 继续社会化

继续社会化是人在基本社会化的基础上，继续学习知识、技能、群体和社会的文化，以适应社会生活、适应角色变化的过程。

10. 再社会化

再社会化是由于基本社会化失败或基本社会化所学的知识不能用而需要重新学习社会文化，将自己整合进社会群体的过程。

11. 个性

个性是指一个人在生理素质的基础上，在一定的历史条件下，通过社会实践活动形成的观念、态度与习惯等稳定心理特征的总和。

12. 民族性

民族性是一个民族大多数成员共有的、反复出现的心态和活动方式，但民族性并不是每个人的个性的相加，它是通过民族（或称族群）这个群体长期以来内外各种因素的汇合而筛选出来的共同特点，这些特点在社会实践活动中，对每个人深具压制和敦促的力量。

二、重要理论和难点

1. 人的社会需要的特点

第一，人的社会需要是因某种事物缺乏而形成的心理反应。社会需要是一种期望得到改变的心理状态，它是由于某种事物缺乏而造成的，某种事物缺乏是形成需要的根源。

第二，社会需要的对象物是客观存在的。人们因为这些对象物的缺乏而形成需要。

第三，人的社会需要具有社会性。这种社会性是指社会需要是在一定的社会生活中形成的，对象物是社会性的，人的需要由社会性的手段或措施来解决。

第四，人的社会需要是发展性的。由于作为社会生物体的人的机体在成长变化，他所参与的社会生活发生变化，社会也在发生变化，这些使得人的需要也发生变化，并具有发展的取向。

2. 人的社会需要的地位

第一，社会需要是人行动的动力，是人活动的积极的动力源泉。人行动的动力来自需要，主要包括物质利益、成长条件、社会关系和精神充实。达致这些现实理想状态的需要构成人行动的动力，构成人向自然和社会进取的、积极的动力源泉。

第二，社会需要是人的社会关系的基础。为了获取一定的物质利益和成长条件，人必须生活在一定的社会关系体系中，参与社会生活。社会需要是结成社会关系并形成具体社会的基础。

第三，社会需要与人的实践相互促进，推动着人和社会的发展。人的实践活动具有满足自己需要的无限能力，同时随着社会实践的发展，人的需要也有无限扩展的趋势。人的社会实践和社会需要之间互为因果、相互促进。

3. 马克思主义的需要理论

需要是人的本性。在马克思主义的理论中，关于需要的一个最基本的认识是：需要是人的本性。一方面，人是社会关系的产物；另一方面，社会是人的产物。社会是人的社会，人是社会的人。马克思主张人之所以谓人，只有在社会中才是真实存在的。只有人才有需要。各式各样的需要，体现了各式各样的人的行为，而各式各样的需要更体现了人之所以谓人的本性。

人的需要的社会性。马克思主义认为人与动物有区别，但并不否认人的动物性。马克思说："吃、喝、性行为等等，至多还有居住，固然也是真正的人的机能。但是，如果使这些机能脱离了人的其他活动，并使它们成为最后的和唯一的终极目的，那么，在这种抽象中，它们就是动物的机能。"马克思主义在这里既不排斥人的需要的满足含有动物性的基础，又指出人的生理机能活动不同于动物的生理机能的活动，它是高于动物的生理机能的活动。

人的需要的发展性。马克思主义是从考察人类社会发展规律的角度来分析社会需要的，马克思、恩格斯把人类的需要活动放在历史的进程中去考察。马克思提出人的需要是相对的，是社会性的，因此，我们在衡量需要和享受时是以社会为尺度，而不是以满足它们的物品为尺度。马克思的需要的社会性和相对性的论点至关重要。

恩格斯在分析人类社会和动物社会的本质区别时提出的关于生存资料、享受资料、发展资料的观点至今仍有重要的指导意义。

4. 马斯洛需要层次理论的基本内容

美国人本主义社会心理学家马斯洛的需要层次理论把人的需要分为五个等级，从低到高依次是生理的需要、安全的需要、归属与爱的需要、自尊的需要、自我实现的需要。

生理的需要。这是人最基本的需要，包括人生理上的主要要求，如对食品、衣服、居住、喝水、性的需要等。在这一切需要都未满足时，生理的需要就起支配作用，其他需要都不会构成激励的基础。

安全的需要。包括防备生理损伤、疾病等。马斯洛把人有积蓄以及各种保险的要求也列入此类。

归属与爱的需要。包括人渴望在团体中与同事交往，并有良好的关系，能够得到支持和友爱，获得归属感，以及得到所在团体的承认，等等。

自尊的需要。社会上所有的人（病态者除外）都希望自己有稳定、牢固的地位，希望得到他人的高度评价，需要自尊自重或为他人所尊重。马斯洛认为，牢固的自尊心意味着建立在实际能力之上的成就和他人的尊重。

自我实现的需要。马斯洛认为这种需要就是人希望越来越完美的欲望，人要实现他所能实现的一切欲望。这意味着一个人希望充分实现其才能的潜在能力，做最适合他的工作。马斯洛认为，别的需要得到相对满足之后，才有可能满足自我实现的需要。这种自我实现的需要因人而异。

后来，在上述五种需要的基础上，马斯洛又增加了求知的需要和美的需要。

马斯洛认为，以上五种或七种需要之间有一种层次关系和基本逻辑：① 需要由低级向高级发展。② 低级需要得到部分合理的满足后，高级的需要才会成为人所要追求的需要，并成为有推动力的激励因素。③ 高级的需要比低级的需要更能持久地激励人。④ 人可以同时有多重需要，但在一定时间总有某一等级的需要发挥主要作用。⑤ 并非所有人都必须按照这个划分等级循序逐级上升，顺序可以变化。马斯洛还特别强调满足需要的重要性。

5. 马斯洛的需要层次理论的意义

第一，马斯洛的需要层次理论反对行为主义的简单化观点。行为主义心理学主张心理学是研究动物和人类行为的自然科学，以"刺激－反应"公式作为行为的解释原则。马斯洛的人本主义心理学主张必须说明人的本质特性，人的内在感情，人的潜在的智能、目的、爱好、兴趣等人类经验的一切方面。

第二，马斯洛的需要层次理论为分析现实人的需要提供了参考性框架。马斯洛的需要层次理论基本上符合现实的、一般人的需要结构，对分析人的需要结构和人的积极性来源做了大致刻画，因此在管理学中得到广泛运用。

第三，马斯洛的需要层次理论重视社会因素的作用。不管是哪一层次的需要，马斯洛都没有把它们看成纯生理和心理的表现，而是直接或间接地强调了需要的社会因素，即社会因素对人的需要的重要影响，强调人的需要满足的社会因素。

6. 人的社会化的必要性和可能性

人的社会化的必要性：

第一，从个体发展的角度看人的社会化的必要性。作为生物体的人不可能依靠自己的生物机能去满足自己的需要，他必须通过参与群体活动，学习群体共同的生活经验并通过与他人的合作来满足自己的需要。个人要参与群体生活、与群体成员合作，就必须了解群体的价值和规范，而不可能由群体迁就个体的生物行为。由此看来，人要满足自己的需要、要生存，就必须社会化。

第二，从社会角度看人的社会化的必要性。一个社会要延续，就必然要求其新加入成员了解已有的经验，认同社会的主导价值，遵循社会的行为规范，使其具备该社会所承认的资格和应有的能力，这就是对新加入成员的社会化。此外，社会要发展，必然要求其成员有较高素质。一个民族和国家要想发展，必须全面提高民族成员及国民的素质，提高他们的知识水平和技能，增强他们处理各种问题的能力，这也是人社会化的过程。

人的社会化的可能性：

第一，人有较长的依赖期。人出生后有一个较长的生理上、心理上不能独立生活的依赖期。正是这种生活上的依赖性，决定了一个人一出生就要在社会中生活，并接受社会规定的生活方式。

第二，人有较强的学习能力。人的大脑比较发达，人有较强的学习能力，这也是人社会化的基本条件之一。人的学习能力由个人的天赋、社会的教化和个人的努力三方面因素决定。这三方面因素很好地配合，人就能学到经过许多世纪形成的、十分复杂的社会生活知识。

第三，人具备脑力劳动的条件。人类在进化过程中获得了只属于人类的生命特性——大脑神经系统和抽象思维能力。每个人都是人类遗传信息的携带者，在一定的社会条件下，这些潜在的人类进化而来的结构和机能就能赋予现实的社会内容，从而使人能够在实践活动中对外部世界的各种事物产生由感性到理性并指导自身行为的认识活动。

第四，人有用语言沟通的能力。语言是人类特有的现象，人能借助语言学习文化，了解他人的经验，积累生活知识，参与社会生活，处理社会关系，创造社会财富。语言是个人社会化的强有力的工具。

7. 基本社会化的内容

第一，传授生活技能。人的各种生活技能不是靠本能得来的，而是靠学习获取的。人的基本生活技能包括衣、食、住、行的各种动作和知识技巧。从最简单的动作到相对复杂的生活方面的技能，人都必须学习，以能够自理，参与共同生活。

第二，教导社会规范。社会规范是社会成员的行为准则，既包括习惯、风俗、道德、伦理，也包括纪律、规定、条例、法律等。所有这些社会规范，都要通过社会化的过程，成为人们自觉遵守的行为准则，约束人们的行为，调整人们的社会关系，维持整个社会的秩序。

第三，教导谋生技能。一个有劳动能力的人要自食其力，也要为家庭和社会做出自己的贡献。这样，人就必须学习谋生技能，即通过劳动创造财富，养己、养家。不同时代人通过劳动获取财富的方式有所不同。家庭和社会有责任向新的社会成员教导谋生技能，从而促进社会生产发展。

第四，指点生活目标。人为什么要活着？怎样生活更有意义？这就是要为新的社会成员指点目标。人生观对人们的生活道路和归宿起着决定性作用。因此，如何通过社会化指导青年形成正确的人生观，就是一个重要问题。这也是上一代、家庭、社会的重要责任。

第五，提供角色人选。提供合格的角色人选是社会化的重要使命。人的社会化过程的最终目的就是向社会输送经过培训的、合格的角色人选。如果一个社会没有一套很适合人社会化的机制，就不可能为社会培养、输送合格的角色人选，家庭的延展、社会的发展、民族的振兴就难以做到。其实所谓社会化，已经不仅是个人成长的过程，也是为了社会发展、培养后备人才的社会运行机制。

8. 社会化的实施机构

社会化的实施机构主要有以下几个方面：

第一，家庭。家庭是人来到世间进入的第一个社会群体，无论是出于家庭对新成员的希望还是出于责任，家庭都是对新成员进行社会化最重要的实施机构。正因如此，无论社会制度如何，各国都注重家庭对未成年人的社会化责任。

第二，同龄群体。也称朋辈群体，它是由年龄相近的人自发结成的群体。同龄群体对于其成员的成长及社会化的影响是通过游戏和共同活动实现的。他们通过模拟大人的角色，学习社会知识，了解社会规范。正因如此，家长都特别关注子女的朋友圈，希望子女在同龄群体活动中得到正面的影响。

第三，学校。学校是向学生传授科学知识、进行道德教育的场所，也是国家和社会传播社会主流价值观的机构。在现代社会，学校是对少年儿童进行社会化的最重要的机构之一，原因在于学校对学生进行教育的正规性、权威性和不可超越性。各国都特别注重基础教育，我国的教育方针强调德、智、体、美、劳全面发展，对少年儿童社会化会产生积极影响。

第四，工作单位。工作单位是以业缘为纽带的社会组织，它是现代社会结构的基础。有人认为，学校是理想教育，工作单位和社会是现实教育，二者对人的社会化的作用是不同的。工作单位是对成年人进行更切合实际的社会化的场所。关于如何做人、如何处事、如何处理权利等方面的问题，都需要学习和实践。正因如此，一个好的工作单位对人的发展很重要。

第五，大众传播媒介。大众传播媒介是以社会公众为对象，对其进行信息传播的工具，包括广播、电视、报纸杂志、书籍和网络媒体等。在现代社会，大众传播媒介对青少年的成长发挥着极为重要的作用。一般来说，大众传播媒介为青少年提供了更多学习机会和更丰富的知识，但也对青少年产生特殊的影响。如何处理好大众传播媒介与青少年成长的关系，已成为全球性社会问题。

9. 代沟

代沟的概念由美国人类学家玛格丽特·米德提出，她用代沟形容两代人在价值观念、行为方式上的差异。她认为，由于 20 世纪 40 年代以来科学技术和高等教育的快速发展，整个世界正处在一个前所未有的局面之中——年青一代和老年一代，青少年和所有比他们年长的人在价值观念、行为方式上差异巨大。两代人隔"沟"相望，互不理解。

如果从人的社会化的角度看问题，两代人在价值观念、生活方式、行为规范方面的诸多不同，使年青一代代无可效仿，文化继承意义上的社会化就不能进行。年青一代同辈之间的模仿和追求时髦会形成亚文化，而这又会与以往世代积累起来的文化产生隔阂。怎样面对这一问题？只要年青一代和老一代互相尊重、相互学习，两代人之间的关系就没有什么问题。

10. 继续社会化、再社会化和特殊社会化的异同

特殊社会化是指对于某些遭受身心损伤不能进行正常社会生活的人们进行的特殊措施的社会化过程。

继续社会化、再社会化和特殊社会化的相同点：三者都是对人进行社会化，都是让人学习社会文化、价值观念与行为规范。

继续社会化、再社会化和特殊社会化的不同点：

继续社会化对前一段社会化是肯定的，对象是中老年人，特别是老年人。由于他们在基本社会化过程中学到的知识不足以完全应对工作和生活的需要，所以必须继续学习。

再社会化对前一段社会化是否定的，对象多为有越轨行为的人，由于多种原因，这种基本社会化可能会中断，人的生活步入歧途；也可能因为生活环境发生重大变化，原来所学的

知识不能用，于是需要重新学习社会的文化、规范。再社会化有主动再社会化和被动再社会化之分。

而特殊社会化在正常条件下是无法实现的，其对象主要针对特殊群体，如残疾人。

继续社会化是非强制性的，是自愿的；再社会化多是强制性的；特殊社会化是专门化的。

11. 继续社会化的动因

第一，基本社会化所学知识不够用，需要继续学习。在现代社会，大学毕业后进入工作单位仍然需要学习，不但专业知识要结合实际，而且要学习与同事合作相处，学习处理人际关系。

第二，角色改变需要学习新知识、新规范。人到中年，既要养家糊口，又要在社会上生活，在复杂的社会中有所进取。对于刚刚退休的人来说，由于社会角色的变化，需要适应。向社会学习，在实践中学习，也是社会化。

第三，个人发展需要充实新知识。老年人为使自己的生活更丰富、更有价值，也要继续学习。我国的老龄工作提出实现六个"老有"，即老有所养、老有所医、老有所为、老有所学、老有所教、老有所乐，其大部分与继续社会化直接相关。进入老龄社会，继续社会化已经成为社会化的重要的、不可分割的组成部分。

12. 社会化与个性形成的关系

个性是个人社会化的产物，是随着个人社会化的进程而逐步发展和形成的。人的个性的形成和发展，从出生到青年期的二十年间，先后经过了家庭、学校和邻里社会三种社会化的场所。这三种场所虽有先后，也有区别，但互相配合、互相重合，牵连在一起，人们的个性主要就是在这样的场所中逐渐形成的。家庭成员之间的关系是血统和亲属关系，具有浓厚的感情色彩，是年轻人成长的摇篮。学校中的师生之间、同学之间互相交流知识和思想，严肃而认真，理智多于情感，学校是学生获取知识的殿堂。邻里社会则是一个人未来生活的大社会的雏型，情况复杂多变，对个性的形成具有重要影响。

三、综合练习

（一）单项选择题

1. 人在一定的社会生活情境下，由于对某种客观事物的缺乏而期望得到满足的心理状态是指（　　）。

　　A. 生理需要　　　　　　　　　　B. 社会需要

　　C. 心理需要　　　　　　　　　　D. 精神需要

2. 马克思主义的需要理论特别强调人的需要的（　　）。

　　A. 社会性　　　　　　　　　　　B. 心理性

　　C. 生理性　　　　　　　　　　　D. 互动性

3. 提出需要层次理论的社会学家是（　　）。

A. 孔德   B. 迪尔凯姆

C. 韦伯   D. 马斯洛

4. 工作安定属于哪种需要？（　　　）

A. 生理的需要   B. 安全的需要

C. 归属与爱的需要   D. 自尊的需要

5. 当前我国社会主要矛盾表现为（　　　）。

A. 工人阶级和资产阶级之间的矛盾

B. 人民对于建立先进的工业国的要求同落后的农业国的现实之间的矛盾，人民对于经济文化迅速发展的需要同当前经济文化不能满足人民需要的状况之间的矛盾

C. 人民日益增长的物质文化需要同落后社会生产之间的矛盾

D. 人民日益增长的美好生活需要和不平衡不充分的发展之间的矛盾

6. 认为本能是先天遗传的、固定的行为倾向和行为模式的心理学家是（　　　）。

A. 马斯洛   B. 巴浦洛夫

C. 麦独孤   D. 埃里克森

7. 一个出生后不知不识的生物个体，经过学习知识、技能和社会规范，发展自己的个性和社会性，把自己整合到群体中去，从而使社会不断延续和发展的基本过程是指（　　　）。

A. 人的社会化   B. 继续社会化

C. 再社会化   D. 专门社会化

8. 提出人类成长阶段论的心理学家是（　　　）。

A. 马斯洛   B. 阿尔波特

C. 麦独孤   D. 埃里克森

9. "人生在世，吃穿二字"属于哪种人生观？（　　　）

A. 享乐主义   B. 权力主义

C. 悲观主义   D. 乐观主义

10. 心理上的断乳是指青少年（　　　）。

A. 心理上的矛盾   B. 在成长过程中脱离各方面的监护

C. 心理上的紧张   D. 心理上与父母对立

11. 提出代沟概念的人类学家是（　　　）。

A. 马斯洛   B. 麦独孤

C. 玛格丽特·米德   D. 埃里克森

12. 随着科学技术的发展，人们需要重新走进课堂，拿起书本，这种现象是（　　　）。

A. 人的社会化   B. 继续社会化

C. 再社会化   D. 专门社会化

13. 个性具有的特征是（　　　）。

A. 民族性   B. 国民性

C. 急速变动性　　　　　　　　　D. 稳定性

（二）多项选择题

1.人的社会需要的特点包括（　　　）。

A. 人的社会需要是因某种事物缺乏而形成的心理反应

B. 社会需要的对象物是客观存在的

C.人的社会需要具有社会性

D. 人的社会需要具有经济性

E. 人的社会需要具有发展性

2.社会需要在社会生活中处于非常关键的地位，主要表现为（　　　）。

A. 社会需要是人行动的动力　　　　B. 社会需要是人们精神追求的目标

C. 社会需要是人的社会关系的基础　D. 社会需要与人的实践相互促进

E. 社会需要是推动生产和社会发展的内在动力

3. 马斯洛的需要层次理论的基本内容包括（　　　）。

A. 生理的需要　　　　　　　　　B. 安全的需要

C.归属与爱的需要　　　　　　　D. 自尊的需要

E. 自我实现的需要

4.马斯洛的需要层次理论之间有一种层次关系和基本逻辑，表现为（　　　）。

A. 需要由低级向高级发展

B. 低级需要得到部分合理的满足后，高级的需要才会成为人所要追求的需要

C.高级的需要比低级的需要更能持久地激励人

D. 人可以同时有多重需要，但在一定时间内总有某一等级的需要发挥主要作用

E. 并非所有人都必须按照这个划分等级循序逐级上升，顺序可以变化

5. 人的社会化的可能性表现为（　　　）。

A. 人有较长的依赖期　　　　　　B. 人有较长的寿命

C.人有较强的学习能力　　　　　D. 人具备脑力劳动的条件

E. 人有用语言沟通的能力

6.社会化的基本内容包括（　　　）。

A. 传授生活技能　　　　　　　　B. 教导社会规范

C.教导谋生技能　　　　　　　　D. 指点生活目标

E. 提供角色人选

7.社会化的实施机构包括（　　　）。

A. 家庭　　　　　　　　　　　　B. 同龄群体

C.学校　　　　　　　　　　　　D. 工作单位

E. 大众传播媒介

8.基本社会化的地位表现为（　　　）。

A. 基本社会化对于个体的成长是基础的

B. 基本社会化是群体进步的阶梯

C. 基本社会化是人的心理与性格发展和形成的关键时期

D. 基本社会化对个体的后续发展具有基础性意义

E. 基本社会化是为社会、为国家培养人才的基础

9.在基本社会化的机制问题上，有哪几种观点？（　　　）

A. 继承论　　　　　　　　　　B. 教化论

C. 学习论　　　　　　　　　　D. 互动论

E. 环境影响论

10.继续社会化的动因包括（　　　）。

A. 所学知识不够用　　　　　　B. 角色改变需要学习新知识、新规范

C. 有越轨行为　　　　　　　　D. 个人发展需要充实新知识

E. 身体有残疾

11.人的个性的形成和发展，先后经过社会化的不同场所，即（　　　）。

A. 家庭　　　　　　　　　　　B. 学校

C. 工作单位　　　　　　　　　D. 同龄群体

E. 邻里社会

（三）重要名词

人的社会需要　人的社会化　心理上的断乳　代沟　继续社会化　再社会化　个性

（四）思考题

1. 试述马克思主义的需要理论。

2. 试述马斯洛的需要层次理论。

3. 试述人的社会化的含义。

4. 试述基本社会化的内容。

5. 什么是代沟？怎样理解代沟？

6. 什么是继续社会化和再社会化？

四、综合练习参考答案

（一）单项选择题

1.B　　　2.A　　　3.D　　　4.B　　　5.D　　　6.C　　　7.A

8. D   9. A   10. B   11. C   12. B   13. D

(二) 多项选择题

1. ABCE   2. ACDE   3. ABCDE   4. ABCDE   5. ACDE   6. ABCDE   7. ABCDE

8. ACDE   9. BCD   10. ABD   11. ABE

(三) 重要名词

1. 人的社会需要   (答案参见重要名词、术语 1)

2. 人的社会化   (答案参见重要名词、术语 2)

3. 心理上的断乳   (答案参见重要名词、术语 7)

4. 代沟   (答案参见重要名词、术语 8)

5. 继续社会化   (答案参见重要名词、术语 9)

6. 再社会化   (答案参见重要名词、术语 10)

7. 个性   (答案参见重要名词、术语 11)

(四) 思考题

1. 试述马克思主义的需要理论。(答案参见重要理论和难点 3)

2. 试述马斯洛的需要层次理论。(答案参见重要理论和难点 4)

3. 试述人的社会化的含义。(答案参见重要名词、术语 2,重要理论和难点 6)

4. 试述基本社会化的内容。(答案参见重要理论和难点 7)

5. 什么是代沟?怎样理解代沟?(答案参见重要理论和难点 9)

6. 什么是继续社会化和再社会化?(答案参见重要理论和难点 10)

第三章　社会交往

一、重要名词、术语

1. 社会交往

社会交往是指个人与个人、个人与团体、团体与团体之间为了满足某种需要而进行的相互作用、相互影响的活动。从该定义可以看出社会交往具有以下两层含义：

第一，社会交往是人们之间相互作用、相互影响的活动。社会交往只能发生在两个以上的人之间，不与他人发生相互作用、相互影响的个人的活动无所谓交往。

第二，社会交往是人们有社会意义的活动。社会交往是人们之间有目的、有社会意义的相互作用，即行动者在发出行动时是经过考虑的，是有意识的，是行动者作用于对方并期望对方做出反应的行为。

2. 社会互动

社会互动是人们之间的相互行动，其含义就是社会相互作用。

3. 个人交往

个人交往又称人际交往，是指个人与个人之间相互作用及相互影响的活动方式。

4. 群体交往

群体交往是指群体与群体之间相互作用与相互影响的活动方式。这里的群体既指一般的社会群体，也指各种社会组织。

5. 竞争

竞争是不同的社会成员或社会团体为了实现同一目标而进行的相互作用方式。竞争也是人类社会生活中普遍存在的相互作用类型。

6. 合作

合作是不同个人或团体为了达到同一目标而互相配合的相互合作方式。

7. 冲突

冲突是人与人或群体与群体之间为了实现各自共同珍视的目标而采取的斗争、压制、破坏，直至消灭对方的相互作用方式。

8. 调适

调试是具有明显差异甚至冲突的双方，通过相互沟通和影响，达致协调和相互适应的过程。

9. "镜中自我"

"镜中自我"是美国社会学家库利提出的用于解释人们自我认识过程的概念。库利认为，人都是以他人为镜的。在社会交往中，人通过他人对自己行为的态度和反应而反观自己、认识自己，就像照镜子一样，从他人那里发现自己。

10. 情境定义

情境定义是社会学家托马斯提出的用于解释人们社会互动机制或过程的概念。它是人们在行动前对所处的既定情境所做的主观解释，即人们对这一既定情境所做的理解或所赋予的意义。显而易见，一个人对其面对情境的解释（或定义）会直接影响他的行为，即他选择何种行为去应对这一情境。

11. 社会角色

社会角色是指与人们在社会关系体系中所处的位置相一致、与社会对占据该位置的人的行为期望相符合的一套行为模式。

12. 社会地位

社会地位也称社会位置，是指一个人在某一社会关系体系中所处的位置。社会地位有两种基本的获得方式：一种是生而有之的先赋地位；另一种是靠个人的后天努力获得的社会地位，称为自致地位。

13. 复式角色

人是高级的社会动物，人在社会生活中总是扮演着多种角色。一个人在不同的社会关系中会占有多个地位，承担不同的角色，他就是复式角色。

14. 角色丛

当一个人处在某一特定的位置时，他必须要与其他一系列角色发生关联。人们通常把围绕某一社会地位而形成的一组角色叫作角色丛。

15. 角色扮演

当一个人具备了充当某种角色的条件，并按照这一角色所要求的行为规范去活动时，就称为角色扮演。

16. 角色冲突

角色冲突是指在扮演角色的过程中，一个人同时担当的几个角色与个人的期待发生了矛盾，难以协调，从而使角色扮演者左右为难的现象。

17. 角色中断

角色中断是指一个人被迫中止某种角色，而将要承担的新角色与原角色截然不同的现象。

18. 角色失败

角色失败是指由于多种原因而使角色扮演无法继续进行的现象。

二、重要理论和难点

1. 社会交往的意义

第一，社会交往有利于个人成长。人的成长是一个不断提升的过程。在这个过程中，自我意识的获得是一个关键环节，而自我意识只能在适当的外界刺激下，在与他人的相互作用中才能产生。

自我的发现是人认识世界的一次飞跃，而这次飞跃的实现恰恰是人们相互作用的产物。自我意识一旦产生，又反过来促使人们更好地进行社会交往，在社会交往中逐步得到提升和完善。

第二，社会交往是文化传播的手段。文化传播主要通过两种不同的渠道：正式的和非正式的，这两种渠道都离不开人们之间的社会交往。没有社会交往，就不可能产生共同意识，更不可能出现共同意识的物化形式——文字。在文明程度不高的传统社会，人们通过语言传播文化更离不开人们之间的社会交往。正是在朝夕相处中，人们通过言传身教的方式把社会生活的经验、社会生产技术、社会规范与习俗一代一代地传递下去。

第三，社会交往是社会构成与发展的基础。按照马克思主义的观点，社会是人们相互交往的产物，是各种社会关系的总和。这一论述清楚地表明：没有人们之间的交往，便没有社会。而人们的交往首先是在生产、分配和交换过程中发生的经济交往，经济交往产生关系，在经济交往的基础上进行政治交往和思想沟通，从而形成与生产关系相适应的政治关系和意识形态，所有这些关系总和起来就构成社会。

2. 个人交往的特点

第一，个人交往大多为直接进行的面对面交往，一般不使用机械媒介，主要通过语言、手势、面部表情、行为动作进行。在特殊情况下，个人交往虽然也使用某些媒介，但这些媒介一般不属于大众传播媒介。

第二，个人交往的双方是明确的，交往的双方都很明白各自的位置、交往的性质和内容及所产生的后果。

第三，个人交往的效果和反应大都是及时的、迅速的和直接的。交往的双方很容易看到、听到或感受到某种行为所产生的效果及对方的反应，并能及时根据双方的反应做出决断，中止或持续某种行为。

3. 群体交往的特点

第一，规模大。群体交往是具有较多成员的群体之间的交往，其规模较大，也比较具有组织性。

第二，目的明确。群体之间的交往都是有目的的，或进行联谊，或进行合作、竞争。

第三，形式多样。群体之间的交往形式多种多样，既有代表性交往，也有全体参与的交往；既有密切持续的交往，也有维持关系的交往；等等。

4. 竞争成立需要满足的条件

第一，不同成员或团体对同一目标的争夺，争夺的目标不同就不会形成竞争。

第二，被争夺目标是相对缺少的，即一个人或一个团体争夺到了这个目标，就意味着另一个人或另一个团体失去了得到这个目标的机会。

第三，各方均有参与竞争的能力。

竞争有其积极的作用，它能够刺激效率与能力的发挥，增强竞争者的上进心与奋斗精神。但竞争对失败者可能会造成消极影响。另外，竞争可能会在竞争者之间滋生敌对情绪。为了防止竞争所引起的消极影响，就必须制定一些竞争各方都必须遵守的规则，以求竞争在公平的基础上进行。

5. 合作顺利进行需要满足的条件

第一，一致的目标。合作者要有某个共同的目标，缺少一致的目标，合作就无法进行。

第二，相近的认识。合作是一种互相配合的行为，合作各方在目标及实现目标所采取的方式上达成共识，有助于合作的顺利进行。

第三，切实的行动。合作是一种现实行为，一定要落实到行动上。离开了实际行动，任何合作都将成为一纸空文。

第四，利益的结合。为了使合作能够顺利进行，必须采取相应的措施，制定必要的规则，保证合作各方在目标达成后，能够获得相应的利益。

6. 马克思的社会交往理论

第一，劳动是社会交往的物质条件。社会交往只有在一定的条件下才能发生。马克思指出："迄今为止的一切交往都只是一定条件下个人的交往，而不是单纯的个人的交往。这些条件可以归结为两点：积累起来的劳动，或者说私有制，以及现实的劳动。如果二者缺一，交往就会停止。"这说明离开了一定的物质基础，脱离了现实社会，人们之间的社会交往就无从发生。

第二，人的需要是产生社会交往的根本原因。马克思认为：有生命的个人的存在是社会存在的首要前提。要维持有生命的个人的存在，就必须使个人的肉体组织能够活下去；要使个人的肉体组织活下去，就要不断地满足肉体的物质需要，就要与自然界打交道，从自然界中寻求可以摄入肉体的物质，或者利用自然界提供的东西再创造出食物和用品。然而，人与自然界所发生的物质交换关系，依靠单个人的力量是难以维持的，要进行生产，人们必须以一定的方式结合起来，在共同活动中建立一套分工制度，通过分工合作来满足个体的需要。

第三，物质交往是其他一切交往的基础。在社会交往的层次中，物质交往是其他一切交往的基础。而在物质交往之外，人们还有更多的交往活动，也就是说，精神交往，是物质交往的直接产物。这是马克思对物质交往和精神交往的一个最明确、最概括的说明。在这个层次中，物质交往是基础，在物质交往的基础上产生政治交往和思想沟通。

7. 符号相互作用论

符号相互作用论，也称符号互动论，是一种通过分析人们的日常生活来解释人们相互作用的发生、作用方式与特征，以揭示其规律的理论。

符号相互作用论的理论发展：

第一，美国社会学家米德是符号相互作用论的开创者。他认为，语言、文字、手势、表情等被赋予社会意义的符号是人们进行社会生活的基础，人们通过这些符号进行交往，达到共同理解。米德认为，人们不但可以借助符号预知他人的行为，而且可以借此评估自己的行为对他人的结果以及人们之间行为的结果。这些思想为符号相互作用论的形成和发展奠定了基础。

第二，美国社会学家库利为符号相互作用论的形成和发展做出了贡献。他提出了"镜中自我"理论。他认为在社会交往中，人通过他人对自己行为的态度和反应来反观自己、认识自己，就像照镜子一样，从他人那里发现自己。"镜中自我"理论包含三个主要要素：① 能够想象得出自己在他人眼中的形象。② 能够想象得出他人对这一形象所做的判断及评价。③ 能够对他人的判断及评价做出相应的反应。具备了以上三个要素，就标志着一个人能够把自己视为一个对象，站在他人的角度来反观自身。

第三，托马斯对符号相互作用论的发展做出了重大贡献。这主要表现为他创立了情境定义理论。托马斯认为，社会学的任务就是要分析人们在相互调适过程中出现的行为。而这些行为与人们相互交往所处的情境有关，即与人们对这些情境的解释有关。

所谓情境，是指人们在行动前所面对的情况或场景。它包括作为行为主体的人、人与人之间的关系，以及人们之间的相互作用过程、时间、地点和场合等，因为这些都可能具有某种特殊意义。情境定义则是人们在行动前对所处的既定情境所做的主观解释，即人们对这一既定情境所做的理解或所赋予的意义。显而易见，一个人对其面对情境的解释（或定义）会直接影响他的行为，即他选择何种行为去应对这一情境。这样，在托马斯看来，一个人对情境的主观理解就会对社会交往产生重要影响。

托马斯的情境定义理论对人们日常生活中的交往做了比较细致的分析，它可以解释为什么在不同文化环境中被社会化了的人，对同样的刺激会做出不同的反应。它也可以解释为什么会发生误解，而误解又如何影响人们的正常交往，等等。

8.社会交换理论

社会交换论是用交换的观点来解释人们之间交往的理论。代表人物是美国社会学家霍曼斯和布劳。

霍曼斯的社会交换理论认为，行为主义解释人的行为发生的"刺激－反应"的观点也适用于解释人的行为，人的行为可以理解为互动的个人在进行报酬（或惩罚）的交换。他吸收了经济学看待人的行为的基本原则：人们理性地算计他们在某一市场中行为的长期结果，并试图在交易中获取最大的物质利益。霍曼斯根据人的经济理性，提出了交换行为所遵循的基本逻辑：人们愿意采取能得到奖赏的行为；一种刺激越与以往获得奖赏的行为的刺激相似，人们就越愿意做出反应；行动结果对一个人越有价值，他就越有可能采取这种行动；如果某人近期经常得到某种特定报酬，则该报酬的追加对他来说就没有价值，他采取追求该报酬的积极性就降低；一个人的行动如果没有得到期望的报酬，可能会激起他的攻击行为。可以发现，霍曼斯的社会交换理论带有较强的功利主义，人们之间的互动（不管是竞争还是合作）都是自利的和理性的。

布劳则从更加社会学的角度看待人们之间的交往。他认为，人们之间的所有共同活动都是在进行交换。布劳还认为，如果一个人期望与他人的交往会带来报酬，他就会受到报酬提供者的吸引，产生交往的倾向。一旦双方在交往中都得到了期望的报酬，则相互吸引就会加强，进而建立起稳定的交往关系。交换以互惠为基础，即交换遵循公平原则。如果一方违反了公平原则，即未履行互惠义务，就会出现多付出者对少付出者的权力。

社会交换理论能够解释人们之间的一些社会交往行动，但是对于责任行为、日常生活中惯常行为的解释似乎就比较牵强。

9. 人际关系与社会关系的关系

人际关系与社会关系既有相同之处，又有不同之处。人际关系是社会成员之间的关系，它是社会性的关系，因此也是社会关系。社会关系不但认为该种关系是社会性的关系而不是生物性的关系，而且认为这种关系是普遍性的、两类社会成员之间建立起来的相对稳定的关系。因此，社会关系具有普遍性、一般性的特点。角色规范反映了社会关系的一般特点。因此，当个别社会成员建立起来的关系模式普遍化为两类社会成员所遵循的行为规范时，这种人际关系就变为社会关系。另外，人际关系又是社会关系的具体表现形式。社会关系总是由具体的人来体现的，个人在表现某种社会关系时往往加进许多具体的、特殊的、情感的因素，这种关系就是人际关系。

10. 社会角色

社会角色是指与人们在社会关系体系中所处的位置相一致、与社会对占据该位置的人的行为期望相符合的一套行为模式。因此，社会角色是社会所认可、所期望的处于某一位置的人的一套行为模式，而不只是他的某一行为。社会角色是社会地位的反映。一个人在社会中的地位或位置有两种确定方式：一是他在整体社会结构中的位置，这常由职业来表征；二是他在具体的社会关系网络中的位置，如在家庭、组织中的位置。在具体的社会关系网络中，角色规定了人们在同他人交往、相互作用时的行为模式，规定了彼此之间的责任、义务关系。如在师生关系中，教师、学生是两种角色，只有在教学活动中他们才会表现出彼此之间的责任、义务关系。职业也是一种社会位置，它是在社会分工、合作体系中的位置，表征这种位置的也是社会角色即职业角色。职业角色有的有对映体，如教师、售货员等，有的没有明显的对映体，如工人、农民、军人等。但无论如何，社会都为他们规定了一套合理的行为规范，即社会对占据这一位置者的要求，这就是社会角色。

11. 角色扮演的基本阶段

第一，了解社会对角色的期望。社会对每个角色都有相应的期待，都有比较稳定的评判标准。人们要扮演角色，首先就要了解这些期待与评判标准。

第二，培养角色意识。他人社会及对角色的期待只是一种外在的力量，要扮演好社会角色，就必须把这种外在的规范转变成内在的要求。完成这一转换的关键是角色意识的培养。

第三，实践角色规范和表现角色行为。人只有在具体的实践中才能更清晰地领悟自己的角色，只有在行动中才能实践角色规范，角色扮演才能最终完成。人在实践角色的过程中，通常会遇到一些意想不到的困难和挫折。这时，就需要角色扮演者随机应变，或创造性地运用行为规范，或及时调整自己的角色行为，以便顺利地应对新情况，处理新问题。这个过程，通常被称为角色创造。

12. 怎样理解角色冲突？

角色冲突是指在扮演角色的过程中，一个人同时担当的几种角色与个人的期待发生了矛盾，难以协调，从而使角色扮演者左右为难的现象。角色冲突发生的原因是他需要同时实践两套互有矛盾的行为规范。例如，在婆媳冲突中，夹在中间既是儿子又是丈夫的他该如何去做，常使他十分为难。对于母亲，他是儿子要尽孝；对于妻子，他是丈夫要尽爱。当婆媳冲突时，两种角色——儿子和丈夫——同时向他提出不同的要求，这使他不能分身以分别对待，因此，儿子和丈夫两种角色在他身上发生矛盾就是角色冲突。由此可见，角色冲突是发生在他身上的情况，而不是指他所面对的婆媳冲突。

三、综合练习

（一）单项选择题

1. 个人与个人、个人与团体、团体与团体之间为了满足某种需要而进行的相互作用、相互影响的活动是指（　　）。

A. 社会需要　　　　　　　　　　B. 社会行动
C. 社会交往　　　　　　　　　　D. 社会运动

2. 下列哪种现象属于社会交往？（　　）

A. 市场上人们的讨价还价　　　　B. 商场中顾客的摩肩接踵
C. 汽车上乘客的前拥后挤　　　　D. 旅游景区人来人往

3. 把人的自我意识的获得划分为三个阶段的社会学家是（　　）。

A. 库利　　　　　　　　　　　　B. 米德
C. 卡斯特　　　　　　　　　　　D. 托马斯

4. 人与人或群体与群体之间为了实现共同珍视的目标而采取的斗争、压制、破坏，直至消灭对方的相互作用方式是指（　　）。

A. 竞争　　　　　　　　　　　　B. 合作
C. 调适　　　　　　　　　　　　D. 冲突

5. 产生社会交往的根本原因是（　　）。

A. 劳动   B. 私有制的出现

C. 人的需要   D. 阶级的产生

6. 符号相互作用论的开创者是（   ）。

    A. 米德   B. 库利

    C. 托马斯   D. 布卢默

7. "镜中自我"理论是（   ）提出来的。

    A. 米德   B. 库利

    C. 托马斯   D. 布卢默

8. 美国社会学家霍曼斯和布劳提出的交往理论是（   ）。

    A. "镜中自我"理论   B. 情境定义理论

    C. 交往行动理论   D. 社会交换理论

9. 一位村干部与乡镇干部、其他村干部、村民等人建立的角色关系，称为（   ）。

    A. 实际角色   B. 自致角色

    C. 复式角色   D. 角色丛

10. 在扮演角色的过程中，一个人同时担当的几种角色与对个人的期待发生了矛盾，难以协调，从而使角色扮演者左右为难的现象，称为（   ）。

    A. 角色混淆   B. 角色紧张

    C. 角色冲突   D. 角色失败

11. 由于多种原因而使角色扮演无法继续进行的现象，称为（   ）。

    A. 角色混淆   B. 角色紧张

    C. 角色冲突   D. 角色失败

12. 一个人被迫中止某种角色，而将要承担的新角色与原角色截然不同的现象，称为（   ）。

    A. 角色混淆   B. 角色中断

    C. 角色冲突   D. 角色失败

（二）多项选择题

1. 韦伯提出的社会行动的类型包括（   ）。

    A. 理想性的行动   B. 目的理性行动

    C. 价值理性行动   D. 情感行动

    E. 传统行动

2. 根据主体区分的交往类型包括（   ）。

    A. 主动交往   B. 被动交往

    C. 个人交往   D. 群体交往

    E. 网络交往

3. 根据互动性质区分的交往类型包括（　　　）。

  A. 竞争   B. 合作

  C. 冲突   D. 调适

  E. 劝解

4. 合作的顺利进行，需要满足的条件包括（　　　）。

  A. 一致的目标   B. 相近的认识

  C. 切实的行动   D. 利益的结合

  E. 脾气相投

5. 互联网互动的特点包括（　　　）。

  A. 安全性   B. 匿名性

  C. 便捷性   D. 符号化

  E. 群体化

6. 马克思的社会交往理论的主要内容包括（　　　）。

  A. 劳动是社会交往的物质条件

  B. 私有制的产生是阶级条件

  C. 人的需要是产生社会交往的根本原因

  D. 经济快速发展提供了条件

  E. 物质交往是其他一切交往的基础

7. 对符号相互作用论做出贡献的社会学家有（　　　）。

  A. 米德   B. 孔德

  C. 库利   D. 托马斯

  E. 布鲁默

8. 哈贝马斯提出实现沟通的有效性，要满足的条件有（　　　）。

  A. 可领会性   B. 真实性

  C. 平等性   D. 真诚性

  E. 正确性

9. 社会角色的类别包括（　　　）。

  A. 复式角色   B. 理想角色

  C. 实际角色   D. 先赋角色

  E. 自致角色

10. 角色扮演中通常遇到的问题有（　　　）。

  A. 角色混淆   B. 角色紧张

  C. 角色失败   D. 角色冲突

  E. 角色中断

（三）重要名词

社会交往　群体交往　竞争　合作　冲突　"镜中自我"　情境定义　社会角色　角色丛　角色扮演　角色冲突　角色中断

（四）思考题

1. 什么是社会交往？试述社会交往的意义。

2. 试述马克思的社会交往理论。

3. 什么是情境定义？试述它在社会交往中的作用。

4. 试述符号相互作用论的基本内容。

5. 什么是社会角色？试解释复式角色和角色丛。

6. 举例说明人自身的角色冲突。

四、综合练习参考答案

（一）单项选择题

1. C	2. A	3. B	4. D	5. C	6. A	7. B
8. D	9. D	10. C	11. D	12. B		

（二）多项选择题

1. BCDE	2. CD	3. ABCD	4. ABCD	5. BCDE	6. ACE	7. ACDE
8. ABDE	9. ABCDE	10. CDE				

（三）重要名词

1. 社会交往　（答案参见重要名词、术语1）

2. 群体交往　（答案参见重要名词、术语4）

3. 竞争　（答案参见重要名词、术语5）

4. 合作　（答案参见重要名词、术语6）

5. 冲突　（答案参见重要名词、术语7）

6. "镜中自我"（答案参见重要名词、术语9）

7. 情境定义　（答案参见重要名词、术语10）

8. 社会角色　（答案参见重要名词、术语11）

9. 角色丛　（答案参见重要名词、术语14）

10. 角色扮演　（答案参见重要名词、术语15）

11. 角色冲突　　（答案参见重要名词、术语 16）

12. 角色中断　　（答案参见重要名词、术语 17）

（四）思考题

1. 什么是社会交往？试述社会交往的意义。（答案参见重要名词、术语 1，重要理论和难点 1）

2. 试述马克思的社会交往理论。（答案参见重要理论和难点 6）

3. 什么是情境定义？试述它在社会交往中的作用。（答案参见重要理论和难点 7）

4. 试述符号相互作用论的基本内容。（答案参见重要理论和难点 7）

5. 什么是社会角色？试解释复式角色和角色丛。（答案参见重要理论和难点 10）

6. 举例说明人自身的角色冲突。（答案参见重要理论和难点 12）

第四章　初级社会群体

一、重要名词、术语

1. 社会群体

社会群体是指人们通过相互交往形成的、由某种相互关系联结起来的共同体。

2. 初级社会群体

初级社会群体是指由面对面的交往形成的、具有亲密的成员关系的社会群体。这种群体反映了人们最简单、最初步的社会关系，是构成社会生活的基本单位。

3. 库利

美国社会学家。他强调人的社会属性和社会生活的特殊性，认为人通过社会交往所形成的"镜中自我"来认识自己。库利还认为，最重要的初级社会群体是家庭、儿童游戏群体和邻居。

4. 家庭

家庭是建立在婚姻和血缘关系之上的成员之间亲密合作、共同生活的初级社会群体。家庭是社会的细胞，是人们进行社会生活的基本单位。

5. 家庭关系结构

家庭关系结构是指家庭成员的组合形式及其相互作用形成的关系状态，它通常包括三层含义：① 家庭由多少成员组成；② 家庭由哪些成员组成；③ 家庭成员按照哪种关系模式组合起来。

6. 核心家庭

核心家庭是由父母及未婚子女组成的家庭。

7. 主干家庭

主干家庭也称直系家庭，是由父母和一对已婚子女及孙子女等组成的家庭。典型的主干家庭是三代家庭。

8. 联合家庭

联合家庭是兄弟姐妹分别结婚后仍在一起生活组成的家庭。实际上它是两个（或多个）核心家庭或准核心家庭的联合。

9. 家庭生命周期理论

家庭生命周期理论描述的是一个家庭从形成到解体的过程和家庭在不同发展阶段的结构

及家庭任务。家庭生命周期理论认为家庭的成长变化主要包括形成、扩展、稳定、收缩、空巢、解体六个环节。所谓家庭生命周期，一是指一般家庭都会经历这一由不同环节组成的过程；二是从代际继承的角度看，原来父母主导的家庭结束了，儿女组成的家庭还会按照上述模式继续发展。

10. 六礼

六礼是我国传统社会中套婚姻程序的六个步骤，始自周代，包括纳彩、问名、纳吉、纳征、请期、亲迎。

11. 潘光旦

中国著名社会学家。他认为提高民族素质是挽救民族危亡的出路之一；认为人类不仅要追求个人进步、社会进步，还要追求种族进步。他提倡包括年老父母、未成年子女等组成的折中家庭，认为此类家庭有利于个人发育和个人进步。

二、重要理论和难点

1. 社会群体的含义

社会群体不但是由人组成的群体，而且是社会性的群体。这种社会性的群体的意义是群体成员之间存在着一定的关系，维持着他们作为一个整体而存在。与此相联系，成员间有一种群体意识，也有一定的群体边界。这样，社会群体就与偶尔凑在一起的一群人不同，与电影院里的观众群也不同。另外，社会群体也与我们平常所说的老人、妇女、小学生等类似的包括许多同类个体的抽象概念不同。因为在这几类人群中没有较固定的维系他们作为一个整体存在的社会关系，或者说他们只能算作一群，未形成整体，因此电影院里的观众、老人、妇女都不构成我们这里所说的社会群体。

2. 社会群体形成的原因

第一，在个人层面，社会群体是人进行社会化的必要条件。换句话说，个体只有在群体中进行相互作用，才能成为社会化的人。个体在社会文化的影响下所产生的对群体生活的倾向是社会群体形成的原因之一。

第二，在群体层面，社会群体能够满足人的某种需要。社会群体能完成一个人难以完成的事情。此外，人需要得到情感上的满足，这种情感上的满足也只有在社会群体中才能实现。

3. 社会群体的一般特征

第一，社会群体具有直接、明确、持久的成员关系。在这个群体中，成员之间的关系是直接的、明确的，他们在相互交往中形成了较持久的关系。

第二，群体成员具有共同的群体意识。群体意识是指群体成员对群体的认同，即群体成员认为自己属于该群体，并对其负有责任。群体意识不仅使群体成员获得了一致的身份感，而且使其产生了维护群体利益的责任感。

第三，群体成员具有某种共同的行为期待与行动能力。由于群体成员具有维护群体利益的责任感，群体成员往往期待某种有利于群体的活动产生，并且在这种活动中做出努力。

4. 初级社会群体的含义

初级社会群体有时也称首属社会群体或初级群体，"初级群体"一词是美国社会学家库利首先提出来的。库利使用这一概念时，指的是对人性的形成起着基本作用的那些群体，如家庭、儿童游戏群体和邻居。由于人们首先生活在这类群体之中，并长时间地依赖它，它对一个人的成长起着基本的、十分重要的作用，所以把它翻译成首属社会群体或初级群体都是有道理的。这里的初级不是相对高级而言的地位上的意义，而是与次级相对应的人们参与其中的先后、人际关系的亲疏方面的意义。初级社会群体是人们最初参与的、人际关系比较亲密的群体。应该指出的是，由于这一概念含有人际关系亲密的意义，所以有人喜欢使用首属社会群体。

5. 初级社会群体的特征

第一，初级社会群体往往是自然形成的。在初级社会群体中，无论是儿童游戏群体、邻居还是同乡会，都是在地缘基础上自然而然形成的。家庭的成立虽然要履行法律程序，但这种关系的产生也是青年男女在共同爱好的基础上，经过彼此的较深入了解与交流而形成的。

第二，初级社会群体中的成员具有多种角色。在长期的交往中，初级社会群体的成员之间形成了多种角色关系，多种角色关系的形成淡化了角色间的界限，打破了角色之间的严格分工。在初级社会群体的活动中，个人通常将自己的个性全部投入进去，表现出多方面的人格特征。

第三，初级社会群体一般靠非正式的控制来维持。在初级社会群体中，一般不采用严格的规章、法律、制度等正式的控制手段来维持关系，成员间的互动虽然也要遵守一定的行为规范，但这种规范并不是过度严格的。个人的自觉性、习惯、伦理道德等非正式的控制手段在这里发挥着重要作用。

第四，初级社会群体中的成员关系带有浓厚的感情色彩。人际关系亲密是初级社会群体最重要的特征之一。在初级社会群体的活动中，每个成员都将自己的个性全部投入进去，并且在生活方面互相关心、互相帮助，这样，成员间就建立起一种情感性的关系。在这个群体中，每个成员都是作为它的有机组成部分而存在的。

第五，初级社会群体把满足成员的需求放在首位。初级社会群体不仅能熟知每个成员的需求，而且能把满足成员的需求放在首位。对于那些在正式组织中得不到满足的需求，初级社会群体总是想方设法加以满足。

第六，初级社会群体具有多方面的综合功能。

6. 初级社会群体形成需具备的条件

第一，较小的规模。对于初级社会群体的规模虽然没有明确的限定，但是，一般来说，组成这类群体的成员不宜太多。只有在小的群体中，人们才有可能进行比较深入的交往，建立起具有私人性并带有浓厚感情色彩的初级社会关系。

第二，直接地面对面互动。在初级社会群体中，人们之间可以直接地面对面互动。只有这种面对面互动，才能使互动双方了解彼此的行为举止、音容笑貌、情感反应等，从而产生亲密的情感。

第三，相对持久的互动关系。只有通过经常的、长期的互动，人们之间才有可能加深了解，从而形成初级社会群体。这种互动持续的时间越长，他们所形成的关系就越亲密，初级社会群体也就越稳固。

7. 初级社会群体的功能

第一，初级社会群体是人的社会化的基本场所。在人尤其是未成年人的社会化过程中，初级社会群体发挥着极其重要的功能。而"镜中自我"正是在初级社会群体中，通过具有亲密关系的家庭成员、邻里、儿童游戏群体成员之间的互动形成的。

第二，初级社会群体能够满足人多方面的需要。初级社会群体在历史上就曾承担过多方面的功能，如教育、抚育、社会控制、情感满足等。尽管随着社会的发展，有些功能有外移的趋势，但是初级社会群体仍有许多功能还不能为其他组织所替代。

第三，初级社会群体是人走向社会的桥梁。任何人要想走向社会，顺应社会生活以便实现自己的人生目标，首先必须学习基本的生活技能，掌握必要的谋生手段，学会相应的社会规范。初级社会群体有责任又有可能实现以上目标。

第四，初级社会群体有助于实现社会控制。群体成员对群体的认同感、责任感、归属感使他们产生了群体荣誉感。有了这些意识，群体成员就会自觉地维护群体利益，做对群体有利的事，不愿因自己而有辱群体。

我们可以通过初级社会群体来推行新的社会规范，从而达到稳定社会主义社会的目的。

8. 家庭的类型及社会功能

家庭类型是指家庭成员之间的联系方式与关系模式。依照不同的标准，可以把家庭分为不同的类型。按照家庭中的代际层次，可以把家庭分为一代家庭、两代家庭、多代家庭。按照家庭中的权力，可以把家庭分为母权家庭、父权家庭、平权家庭等。按照家庭的代际层次和亲属关系的特征，可以把家庭分为核心家庭、主干家庭、联合家庭、隔代家庭等，这是从家庭成员结构的角度对家庭的分类，也是家庭社会学的主要分类方法。

家庭的社会功能：

第一，经济功能。家庭的经济功能包括家庭的生产、分配、交换和消费等方面。在以生产资料私有制为基础的社会中，财产归家庭所有，家庭是组织生产的基本单位，生产供家庭成员消费的生活资料，并生产与其他家庭进行交换的产品。与此同时，家庭又是消费单位。家庭人口和收入决定了家庭的消费水平，家庭的支出方式、支出项目和比重反映了家庭的消费方式。以家庭为单位核算收入和支出，是社会消费的基本特点之一。

因此，家庭的经济功能通过生产生活资料，保证产品的分配和交换，满足了人们吃饭、穿衣、住房等基本需求。只有这些基本需求得到满足后，才能进行其他的社会活动，为社会创造物质财富和精神财富。

家庭所具有的经济功能，在自给自足的自然经济时代尤其显著。在自然经济时代，社会上的产品大多都是由小农和手工业者的家庭生产。资本主义的发展促使生产社会化，工厂、农场生产代替了家庭生产，家庭的经济功能大大降低。但是从总体上看，无论是在实际生活中，还是在法律规定上，家庭的经济功能并没有消失。社会主义实行生产资料公有制，工业、农业生产虽然有了一定程度的社会化，但是在社会主义初级阶段，家庭的经济功能还发挥着必要的补充作用。

第二，生物功能。家庭的生物功能包括性生活的满足与生殖两个方面。自从人类实行个体婚制以来，家庭一直是生育子女、繁衍后代、进行人口再生产的基本单位。人类通过生殖来保证种族的绵延，而种族的绵延是社会存在和发展的基本条件。

性行为是人的生物本能，但满足这种生物本能的方式是社会性的。人们只有结为夫妻，才能有正常、正当的性生活，而正常、正当的性生活的满足，不仅对人的性格和健康的发展、工作与生活有益，而且为婚姻制度的建立和社会秩序的稳定提供了前提条件。

第三，抚育和赡养功能。人口再生产是在生物规律的基础上发生，并有经济、法律、道德等社会因素参与其中的一个复杂的过程。抚育是对子女生活上的供养和通过社会化对他们进行的教育。与其他生物相比，人有较长的生活依赖期，在这个时期内，人必须由父母来抚养。

赡养是子女对老年父母生活上的供养和照顾。父母与子女之间所具有的血缘和情感联系，使得家庭成为赡养老年父母最理想的场所。正因如此，家庭中的赡养关系被许多国家用法律固定下来。

第四，休息和娱乐功能。家庭娱乐对于儿童的社会化具有特别重要的意义。在家庭的娱乐和游戏活动中，儿童学会扮演一些社会角色，掌握相应的角色规范。对于成年人，家庭的休息和娱乐可以增加家庭生活的乐趣，丰富家庭生活，密切家庭成员之间的关系，调剂与恢复家庭成员的智力和体力，从而满足家庭成员的心理和生理要求。而生产力的发展也为家庭提供了更加先进的娱乐手段和条件。借助这些手段和条件，人们的闲暇生活越来越丰富多彩，家庭娱乐也越来越活泼生动。

应当看到，家庭所具有的上述功能并不是固定不变的。随着社会的发展，一方面，家庭的部分功能外移；另一方面，新的家庭功能产生。家庭功能的变化是社会发展所引起的必然现象，我们一方面要适应这种变化趋势，另一方面要处理好家庭功能外移所带来的问题。

9. 中国传统婚姻家庭的特征

第一，婚姻的目的是传宗接代，延续香火。人们之所以要结婚，为的就是传宗接代、延续香火。

第二，采取包办的方式缔结婚姻。婚姻的缔结完全听从父母之命、媒妁之言，根本不考虑婚姻当事人的意愿。

第三，强调"门当户对"，注重经济利益。在 1949 年以前的中国农村，自给自足的小农经济占据主要地位。小农经济中，家庭是最基本的社会单位，社会关系注重家庭和户族，因而人们在择偶时必然注重门户的高低，强调"门当户对"，注重经济利益。

第四，推崇"男尊女卑""重男轻女"的权力原则。在传统中国落后、封闭的小农经济条件下，男子在生产劳动中基本起决定性作用，女性在生产劳动中只起辅助作用。这种生产制度造成了女性地位的低下和男女性别角色的不平等。在这种社会条件下，家庭权力只能是父权和夫权。

第五，婚姻家庭的建立必须遵守一套固定的程序和规范。在中国传统社会，婚姻程序一般包括六个步骤，俗称"六礼"，即纳彩、问名、纳吉、纳征、请期、亲迎。只有履行了这样一套程序，婚姻才宣告成立。

10.转型中中国婚姻与家庭的重大变化

第一，农村家庭生产功能的衰退及结构变化。由于从事农业收入低，许多农村主要劳动力弃农经商，导致农村土地大面积非农化。农村机械化的发展，使得农田种植不需要主要劳动力固守农村。城市建设和城市的经济体制改革需要大量劳动力，这吸引了农村劳动力进城，农村劳动力靠在城市务工、经商获得比务农高得多的收入，农业收入占家庭总收入的份额很小，因此，不少地区出现土地抛荒现象，农村家庭的生产功能大大衰退。主要劳动力外出，使农村家庭的实际生存状态发生变化，由老人、妇女和儿童一起生活的家庭形式增加，流动家庭增加。

第二，农村留守问题严重。大量农村青壮年劳动力外出务工、经商带来严重的留守问题，由留守老人和留守儿童一起生活的家庭形式，使儿童的抚养、老人的赡养与精神寄托，都存在严重问题。年轻人或在家庭支持下在城镇购房，或长期在大城市打工居住，使传统农村家庭趋于"破产"状态。温暖的家庭正逐渐变为"乡愁"的对象。

第三，未婚同居现象严重。农村实行家庭联产承包责任制以后，大量中西部贫困农村的社会管理变得无力，加之农村人员广泛流动，农村中未婚同居现象严重。这不仅带来大量的婚姻家庭纠纷，也使农村社会秩序受到负面影响。

第四，家庭财产分割带来的问题。在城市重建和郊区农村城市化的过程中，由于征地拆迁补偿，出现了一些"暴富"的家庭。征地拆迁补偿既为这些家庭物质条件的改善提供了条件，也引起家庭成员之间的争执甚至法律诉讼，使原本密切的家庭关系不复存在。

物质条件改善了，家庭关系却恶化了。婚姻家庭问题始终受到一定社会的物质发展水平及与此相适应的社会意识形态的制约。家庭的物质条件在改善，但家庭的精神生活、文化传承面临很大挑战。中央提出要注重家庭、注重家教、注重家风。在党和政府的倡导、政策支持下，通过全社会和每一位家庭成员的努力，我国的婚姻与家庭事业有望朝着民主、和睦、平等、幸福的方向迈进。

11.家庭结构的变迁趋势

从历史的角度看，家庭结构的总体变迁趋势是家庭规模小型化、家庭成员关系简单化，而这些都与家庭成员数量的减少有关，与人们对家庭生活及家庭意义的理解有关。

在生产方式、生活方式和价值观念多重因素的共同作用下，各国几乎都有过大家庭的历史，即家庭成员众多、家庭结构复杂。随着工业化和城市化的推进，人们的生产方式、生活方式、价值观念都发生了明显变化。特别是女性就业的普遍化和年轻夫妇对独立生活以及提高自己生活质量的期望，都使家庭结构趋于小型化和简单化，也使平权家庭的数量大大增加。这是一种世界性趋势。

12. 中华人民共和国成立后婚姻家庭制度的进步

中华人民共和国成立后婚姻家庭制度的进步表现为：① 婚姻自由；② 一夫一妻制；③ 男女平等，新婚姻法的颁布，砸碎了封建制度在婚姻关系上的枷锁，推翻了以男子为中心的夫权支配，代之以新的、自由平等的婚姻制度，使女性在婚姻关系和一般家庭关系中，在法律上获得了与男子平等的权利。

13. 中国城乡家庭功能的异同

① 家庭的社会功能：经济功能、生物功能、抚育和赡养功能、休息和娱乐功能等。② 中华人民共和国成立以来中国农村家庭功能发生了重大变化，主要表现为集体化时期家庭经济功能的丧失和经济体制改革以来经济功能的恢复。但家庭仍较全面地承担着各种功能。也有部分家庭由于成员在乡镇机关或企业工作而不具有经济功能。③ 城市家庭有多种功能，但基本上不是生产单位或不具有经济功能。也有少数家庭由于成员从事个体劳动而具有经济功能。④ 城乡家庭在各种功能的强弱程度上也有不同，如农村家庭有较强的赡养功能，而城市家庭的休息和娱乐功能要强一些。这与它们所基于的生产方式、生活方式有关。⑤ 在农村，许多家庭具有宗教功能；在城市，部分家庭具有政治性功能。

14. 社会主义中国的婚姻家庭问题

第一，在婚姻缔结的过程中，仍存在包办、买卖婚姻的现象。

第二，违法婚姻问题严重。

第三，独生子女问题。

第四，老人赡养问题。

三、综合练习

（一）单项选择题

1. 人类生活的基本形式是（　　　　）。

    A. 直立行走   B. 有语言能力

    C. 有发达的大脑   D. 群体生活

2. 在社会学、心理学研究中，小群体一般最多不超过（　　　　）人。

    A. 10   B. 20

    C. 30   D. 40

3. 首先提出初级社会群体的社会学家是（　　　）。

    A. 库利　　　　　　　　　　　　B. 米德

    C. 卡斯特　　　　　　　　　　　D. 托马斯

4. 与正式组织相比，初级社会群体最重要的特征是（　　　）。

    A. 规模小　　　　　　　　　　　B. 人际关系亲密

    C. 存在长久　　　　　　　　　　D. 综合性功能

5. 由父母及未婚子女组成的家庭是（　　　）。

    A. 核心家庭　　　　　　　　　　B. 主干家庭

    C. 联合家庭　　　　　　　　　　D. 其他家庭

6. 由父母和一对已婚子女及孙子女等组成的家庭是（　　　）。

    A. 核心家庭　　　　　　　　　　B. 主干家庭

    C. 联合家庭　　　　　　　　　　D. 其他家庭

7. 兄弟姐妹分别结婚后仍在一起生活组成的家庭是（　　　）。

    A. 核心家庭　　　　　　　　　　B. 主干家庭

    C. 联合家庭　　　　　　　　　　D. 其他家庭

8. 第一部《中华人民共和国婚姻法》颁布的时间是（　　　）。

    A. 1949 年　　　　　　　　　　　B. 1950 年

    C. 1952 年　　　　　　　　　　　D. 1956 年

9. 按照联合国的规定，进入老龄社会的标准是指 60 岁及以上老年人口占总人口的比重为（　　　）。

    A. 5%　　　　　　　　　　　　　B. 8%

    C. 9%　　　　　　　　　　　　　D. 10%

（二）多项选择题

1. 社会群体的一般特征是（　　　）。

    A. 社会群体具有直接、明确、持久的成员关系

    B. 群体成员具有共同的群体意识

    C. 具有一定的地域范围

    D. 群体成员具有某种共同的行为期待与行动能力

    E. 群体成员具有相近的年龄

2. 按照群体成员关系的性质，可以把社会群体分为（　　　）。

    A. 血缘群体　　　　　　　　　　B. 地缘群体

    C. 业缘群体　　　　　　　　　　D. 趣缘群体

    E. 网络群体

3. 初级社会群体的特征包括（　　　）。

A. 初级社会群体往往是自然形成的

B. 初级社会群体中的成员具有多重角色

C. 初级社会群体一般靠非正式的控制来维持

D. 初级社会群体中的成员关系带有浓厚的感情色彩

E. 初级社会群体把满足成员的需求放在首位

4. 初级社会群体形成需具备的条件包括（　　　）。

　　A. 较小的规模　　　　　　　B. 劳动的分工

　　C. 直接地面对面互动　　　　D. 私有制的产生

　　E. 相对持久的互动关系

5. 初级社会群体的功能包括（　　　）。

A. 初级社会群体极大地推进了社会制度的更替

B. 初级社会群体是人的社会化的基本场所

C. 初级社会群体能够满足人多方面的需要

D. 初级社会群体是人走向社会的桥梁

E. 初级社会群体有助于实现社会控制

6. 家庭的发展经历了哪几种形式？（　　　）

　　A. 血缘家庭　　　　　　　　B. 普那路亚家庭

　　C. 对偶家庭　　　　　　　　D. 一夫一妻制家庭

　　E. 丁克家庭

7. 从家庭关系结构的角度，通常把家庭分为（　　　）。

　　A. 核心家庭　　　　　　　　B. 主干家庭

　　C. 联合家庭　　　　　　　　D. 空巢家庭

　　E. 其他家庭

8. 中国传统婚姻家庭的特征包括（　　　）。

　　A. 传宗接代　　　　　　　　B. 包办婚姻

　　C. 门当户对　　　　　　　　D. 男尊女卑

　　E. 固定的程序

（三）重要名词

社会群体　初级社会群体　家庭　家庭关系结构　核心家庭　主干家庭

（四）思考题

1. 什么是初级社会群体？试述初级社会群体的特征。

2. 试述初级社会群体的功能。

3. 什么是家庭？它有哪些类型？

4. 试述家庭的社会功能。

5. 试述转型中国婚姻与家庭的重大变化。

四、综合练习参考答案

（一）单项选择题

| 1. D | 2. C | 3. A | 4. B | 5. A | 6. B | 7. C |

8. B   9. D

（二）多项选择题

| 1. ABD | 2. ABCD | 3. ABCDE | 4. ACE | 5. BCDE | 6. ABCD | 7. ABCE |

8. ABCDE

（三）重要名词

1. 社会群体　　　（答案参见重要名词、术语 1）

2. 初级社会群体　（答案参见重要名词、术语 2）

3. 家庭　　　　　（答案参见重要名词、术语 4）

4. 家庭关系结构　（答案参见重要名词、术语 5）

5. 核心家庭　　　（答案参见重要名词、术语 6）

6. 主干家庭　　　（答案参见重要名词、术语 7）

（四）思考题

1. 什么是初级社会群体？试述初级社会群体的特征。（答案参见重要理论和难点 4、5）

2. 试述初级社会群体的功能。（答案参见重要理论和难点 7）

3. 什么是家庭？它有哪些类型？（答案参见重要名词、术语 4，重要理论和难点 8）

4. 试述家庭的社会功能。（答案参见重要理论和难点 8）

5. 试述转型中国婚姻与家庭的重大变化。（答案参见重要理论和难点 10）

第五章　社会组织

一、重要名词、术语

1. 社会组织

广义的社会组织指社会上存在的一切人类活动的共同体，包括家庭、家族、秘密社团、兴趣团体、工厂、机关、学校、军队等。狭义的社会组织是指执行一定的社会职能，完成特定的社会目标，有计划地组合起来的社会群体。

2. 社会组织的结构

社会组织的结构是指组织各构成部分之间所确定的关系形式，即一个社会组织由哪些部分组成，各部分在整个组织中所处的地位及它们之间的相互关系。

3. 社会组织的正式结构

社会组织的正式结构是完成社会组织的任务所要求的，并由组织章程正式规定的组织各部分之间的稳定的关系形式。

4. 社会组织的非正式结构

社会组织的非正式结构是指组织章程中没有正式规定的群体的结构，它是社会组织中存在的各种非工作关系的总和。这种关系主要有两种类型：一种是社会组织中的非正式群体；另一种是在正式工作关系中衍生出来的非工作关系。

5. 组织结构的开放系统观

现代社会组织分析常常把组织看作一个开放系统。有学者用开放系统的观点看待社会组织的结构，即组织结构的开放系统观。这一理论认为，社会组织由结构子系统、社会心理子系统、目标价值子系统、技术子系统和管理子系统组成。

6. 社会组织的目标

社会组织的目标简称组织目标，是指组织努力争取达到的未来状态。组织目标包括组织的使命、目的对象、时限和指标几部分内容。

7. 社会组织的环境

社会组织的环境简称组织环境，是指社会组织存在于其中的，影响组织生存、运行和变化的各种社会因素的总和。包括与社会组织有关的经济因素、政治因素、社会因素。其中，既包括另外的社会组织实体，也包括社会的价值观念、社会政策。组织环境的界限难以划定，一般是指与它有直接关系的那些部分。

8. 帕森斯

美国社会学家，结构功能主义的主要代表人物。帕森斯的结构功能理论认为，社会组织实体、社会行动都是一个系统。社会系统是行动者相互作用过程的系统。社会系统有其内部结构，每一结构都为系统的存在和延续发挥作用或功能。他认为，在社会系统与其他系统之间，在社会系统的各子系统之间，都存在着多种输入－输出的交换关系。这种交换关系和相互依存关系使社会系统趋于平衡。这一过程的内在机制是：当外部环境发生变化时，社会系统也要发生适应性变化。在某一子系统发生变化后，社会系统也要相应变化，以缓解前一部分变化所造成的紧张状态。各子系统之间相互作用可以使社会系统摆脱内部紧张状态，恢复到新的稳定状态。

9. 组织过程

组织过程是指为了实现组织目标，分配和协调组织成员的有效活动，以达致组织目标的过程。它指的是使组织成员及其他资源相互连接的行动，即组织起来的过程。

10. 社会组织的管理

社会组织的运行不仅需要组织成员遵照组织规范自觉地行动，而且需要有人对处于不同岗位的组织成员的行动进行指导和协调，这就是社会组织的管理。

11. 家长制

家长制是建立在下级对上级的个人效忠、服从和信赖基础上的管理方式。

12. 科学管理理论

科学管理是美国管理学家泰勒为企业管理设计的管理方式，这种管理方式推崇刻苦工作、经济合理性和个人主义的价值观。运用工作程序的标准化、确定工作定额及计件工资制等办法激励工人，提高效率。迄今为止，许多企业仍然在使用科学管理方法。

13. 韦伯

德国社会学家，理解社会学的奠基人。他对社会学学科的发展做出许多贡献。韦伯倡导用投入理解的方法来认识社会行为。在组织管理方面，他使用"理想类型法"提出科层制的模型。他提出用经济因素（收入）、政治因素（权力）和社会因素（声望）来共同划分社会阶级、阶层的分层思想。另外，韦伯关于权力类型、意识或精神力量对社会发展进程影响的分析在社会学领域也有重要影响。

14. 霍桑实验

霍桑实验是 1924 年开始的由美国国家科学院全国科学研究委员会在西方电力公司的霍桑工厂进行的研究，其目的是确定照明同工人个人效率之间的精确关系。实验从 1924 年持续到 1927 年，未能得出明确的结论。梅奥等于 20 世纪 20 年代后期开始介入此项研究，通过几年的对比实验提出了影响工人效率的原因：①工人是"社会人"，是复杂的社会系统的成员，除了追求经济收入，还有多种社会需求。②企业中除了"正式组织"，还存在"非正式组织"。③新型领导能力在于要通过对工人满足度的提高来激励他们的士气，从而达到提高生产效率的目的。

15."X 理论"与"Y 理论"

美国管理学家麦格雷戈从人性的角度对以往的管理模式进行分析，提出了"X 理论"和"Y 理论"两种假设。"X 理论"的假设是：一般人天生厌恶工作、逃避责任、缺乏抱负、追求安全，因此必须加以强制、控制，并以惩罚相威胁，才能使他们为实现组织目标而付出适当的努力。"Y 理论"的假设是：一般人并不是天生不喜欢工作，在恰当的条件下他们会追求责任，并视参与目标制定为一种成就与报酬，他们对自己所参与制定的目标能实行自我指挥和自我控制，并且多数人具有解决组织中问题的能力。

16.科层制

科层制是德国社会学家韦伯根据纯粹理想型观点提出的社会组织内部职位分层、权力分等、分科设层、各司其职的管理方式。科层制的主要特征是：① 内部分工，且每一成员的权利和责任都有明确规定；② 职位分层，下级接受上级的指挥；③ 组织成员都是因具备专业技术资格而被选中的；④ 管理人员是专职的公职人员，而不是组织的所有者；⑤ 组织内部有严格的规定、纪律，并毫无例外地普遍适用；⑥ 组织内部排除私人感情，成员间的关系只是工作关系。韦伯所说的科层制不是现实的，而是纯粹理想型的。

二、重要理论和难点

1. 社会组织的特征

第一，社会组织是有计划地组织起来的社会群体。社会组织是为了实现某种特定目标，有计划地组织起来的社会群体，主要由具有业缘关系的成员组成。

第二，社会组织的目标明确。社会组织是由于社会分工而形成的。社会组织只有满足了社会对它的需要才能够存在下去。这样，无论从社会组织成立时的宗旨来看，还是就社会对它的认知而言，社会组织的目标都是有限的、简单明确的。

第三，社会组织成员间的关系不那么亲密。社会组织是一种业缘组合，其成员是为了实现共同目标，通过分工合作组合在一起的，这就使他们之间的关系不像初级社会群体中那么亲密。尽管有些社会组织中也存在较为亲密的人际关系，但就其程度而言，是难以同初级社会群体中的人际关系相比的。

第四，社会组织实行事本主义原则。社会组织具有明显的事业目标取向，即以有效地实现既定目标为计划。由于参加社会组织的是具有不同背景、不同经历的人，所以，用以协调他们之间行为的准则就不能因人而异，而应一视同仁。有利于工作、有利于组织目标的实现是基本的行为准则。

2. 社会组织的构成要素

第一，通过一定手续加入的成员。社会组织的第一要素是一批能够为实现社会组织的目标做出贡献的成员。手续既是人们取得组织成员资格的先决条件，也是社会组织挑选成员的手段和过程。履行手续具有多种功能：① 它确认和强化了参加社会组织的成员对社会组织目标的认同；② 它确定了社会组织及其成员各自所应承担的责任、义务和拥有的权利；③ 它有利于社会组织对其成员进行有效管理；④ 通过履行一定的手续，产生了社会组织的界限，从而强化了参加者对社会组织的归属感。

第二，特定的目标。任何社会组织都有特定的目标。对外，它反映了社会组织在社会分工体系中的位置和所承担的社会责任、社会职能。对内，它是团结、聚合成员共同奋斗的旗帜。没有目标的社会组织是不存在的。

第三，规范的章程。社会组织的章程是关于组织的性质、目标、任务、结构，组织原则，组织成员的地位与角色、权利与义务以及组织活动规则的规定。它指导着组织及其成员的行为，规范着组织及其成员的活动，从而使组织成员间实现有效的配合，协调努力实现组织目标。因此，规范的章程是保障社会组织正常运行的必要手段。任何社会组织都要有自己的章程。

第四，权威且组织成员认可的领导体系。领导体系建立了社会组织活动中的领导和被领导的关系，确定了不同层次组织成员的权利和义务，保证了社会组织内部结构的有序，为社会组织的协调运行提供了基础条件。

第五，必要的物质基础。物质基础是社会组织开展活动达到目标的物质条件，包括资金、设备等。社会组织都必须有起码的物质基础，以支持组织的运行。缺乏必要的物质基础的社会组织是不可能有效运行及存在下去的。

3. 社会组织与环境的关系

社会组织的环境是影响组织生存、运行和变化的各种社会因素的总和，主要指组织的外部环境，即影响组织的外部因素。例如，对于一家工厂来说，原料供给者、合作者、竞争者、产品消费者、工商管理机构乃至社会政策都是它的环境。环境对社会组织生存、运行的影响是多方面的，这里讨论的只是环境对社会组织结构的影响。由于社会组织是社会大系统的一部分，所以，它必须适应环境才能生存和发展。从结构的角度来看，就是由专门部门处理社会组织同环境的关系。当环境发生重大变化时，社会组织的部门或增或减，或加强或削弱，这就是环境变化引起组织结构的变化。实际上，任何社会组织的变化都会对环境产生一定的影响。

4. 怎样理解社会组织的目标是一个系统？

社会组织的目标是独特的、明确的，但目标本身又是可以分解的。社会组织的目标可以从时间顺序、整体结构等角度来分解。从时间顺序的角度来看，社会组织的目标可分为长远目标、中期目标和近期目标。甚至就某一目标来说，它也是由更小的一连串的目标组成的，相邻目标之间互相连接，成为手段－目标链，即前一个目标的实现成为达致后一个目标的手段。从整体结构的角度来看，社会组织的整体目标又是由其各组成部分的分目标组成的，各分目标整合起来成为整体目标。还有组织目标又必须反映组织成员的需求，即组织应该满足组织成员的一定的需求，这要求组织目标应该在一定程度上涵盖个人目标。这样，社会组织目标在时序、层级上的分解和互相交织就使组织目标成为一个系统。社会组织目标的系统性说明各分目标处于相互联系之中，它们既相互依存又可能相互冲突，这样，实现各分目标的合理整合，处理好组织的整体目标与分目标及各分目标之间的关系就十分重要。

5. 怎样理解组织过程？

从广义上来说，组织过程是将社会组织的各种资源合理配置以推动组织有效运行的过程。资源配置既有组织成员的分工与合作，也有人力资源与物质资源的合理搭配。一般来说，组织过程实际上是将分散的各种资源按照一定的顺序和逻辑联系起来，推动组织运行，达致目标的过程。社会组织的复杂性决定了组织过程的复杂性。从社会组织是一个有内部结构的整体的角度来看，组织过程是一个动员、组织、管理的过程，这既包括组织成员的社会化，也包括组织管理者对组织成员的指挥和管理。而其实质则是组织活动的制度化、规范化，是组织动力不断发挥作用的过程。从组织与环境的角度来看，组织过程则成为加工资源、制造产品的过程。组织过程贯穿社会组织活动的始终，但在社会组织尚未定型或步入正轨之前，组织过程的任务尤为艰巨。而当组织活动制度化、规范化之后，组织过程就成为自然了。组织过程的基本内容包括：岗前培训、工作过程标准化、工作技能标准化、成果标准化，期间贯穿组织成员间的相互调整及领导的直接监督。

6. 社会组织存续的条件

社会组织的存续是指一个社会组织如何才能生存和延续。影响社会组织存续的因素众多，经济的、政治的、社会的因素都对组织的生存和发展具有重要影响。如果从社会组织是一个有复杂内部结构的整体和社会大系统中的一个子系统这两个角度来看，社会组织存续的基本条件是处理好内外两种关系，即一些管理学家（如巴纳德、西蒙等）所说要实现组织的对内平衡和对外平衡。处理内部关系就是要满足组织各组成部分、组织成员的需求，只有如此，才能激发组织成员的工作积极性，为组织做出贡献。美国管理学家西蒙把能够吸引组织成员为组织做贡献的东西称为诱因，认为组织要拥有足够的诱因，才能换得成员对组织的贡献。这是组织内部的交换关系。诱因是相对于组织成员的需求而言的，对不同的组织成员来说，诱因可能是不同的。处理好外部关系就是处理好组织同外部环境的关系，实质上是从环境中获取资源，向社会提供它所需要的产品，只有如此，社会组织才算发挥了自己的功能，才证明了自身存在的价值。总之，社会组织要存续，就要处理好组织同成员、组织同社会两个方面的关系。

7. 家长制

家长制是建立在下级对上级的个人效忠、服从和信赖基础上的管理方式。这是一种与封建家庭制度相似的管理方式。其主要特点是：

第一，组织管理的权力高度集中于最高管理者手中，对下不分权，最高管理者俨如封建家庭中的家长独揽大权。

第二，管理者基本上凭个人经验进行管理，传统做法在管理中占据重要地位。

第三，管理缺乏科学性，命令随意性大，组织最高管理者的情感、好恶常对组织活动产生重要影响。

第四，组织中缺乏严格的办事规则和明文规定的组织规范，甚至正式规定的组织规范也形同虚设，常常被最高管理者个人的决断所取代，组织中实行的是人治而不是法治。

由于组织中的权力掌握在少数人手中，大多数组织成员只有执行命令的义务而没有过问组织事务的权利，所以家长制会极大地压制组织成员的积极性，不利于充分调动组织资源去实现组织目标。另外，尽管有时家长制会推动组织顺利运行，但在大多数情况下，由于缺乏多数成员的积极主动性与创造精神，缺乏严格、科学的办事规则，家长制会导致组织运行的低效率，即难以最有效地实现社会组织的职能，实现组织目标。

家长制是手工业作坊的管理方式，它与近现代社会的要求相去甚远，从而不能适应近现代社会组织管理的要求。

8. 科学管理理论

科学管理是美国管理学家泰勒为企业管理设计的管理方式，这种管理方式推崇刻苦工作、经济合理性和个人主义的价值观。运用工作程序的标准化、确定工作定额及计件工资制等办法激励工人，提高效率。这种管理方式是建立在"经济人"的假设之上的，即认为工人是为了挣钱才来工厂做工，因此通过多劳多得、物质刺激就能够激励工人勤奋工作，提高效率。这种管理方式确实有利于提高工作效率，但也因其对工人的工作行动规定得过严过死，把工人还原成机器而遭到批评。

9. 一般管理理论

一般管理理论是由法国工业实业家、管理学家法约尔提出来的。他最早把管理分为计划、组织、指挥、协调和控制五个主要环节，并提出十四项管理原则，即组织内实行工作分工、职权与职责相称、组织中要有纪律、坚持统一指挥、实行统一指导、个人利益服从整体利益、报酬公平、组织中实行集权制、成员按职位形成等级链、组织按次序给每一成员以一定位置、组织内部平等和公道、工作人员长期稳定、提高各级人员的主动性、倡导集体主义精神。法约尔认为，他提出的管理过程和原则不仅适用于企业，也适用于政府、军事、宗教和其他组织，因而该理论被认为是一般管理理论。

10. 行为科学管理理论

20世纪20—30年代，通过研究人的行为、探求人的积极行为的动因以提高工作效率的活动在西方国家风靡一时。这些研究成果对组织管理产生了重要影响。在这些研究中，以美国管理学家梅奥等进行的霍桑实验最具影响。梅奥及其研究小组发现：① 人们从事工作并不仅仅出于经济上的考虑，因而物质条件及金钱奖励并不是影响工人生产积极性的唯一因素；② 人们从事工作不仅是为了获得收入，而且是为了获得友谊和归属感，因而工作小组中的人际关系是决定工人满意度和生产效率的重要因素；③ 在正式组织中存在以感情联系为基础的非正式的社会组织。它对组织成员的行为乃至正式组织的生产效率产生重要影响。霍桑实验得出一个重要结论：社会因素是影响工人生产积极性的决定性因素。这一结论的核心是把人的因素置于组织之中，把组织成员看作不但具有经济方面的需要，而且具有更广泛的社会需要的人。这种"社会人"的假设开组织管理之新风,对社会组织的管理实践产生了巨大而深远的影响。

11."X理论"与"Y理论"

"X理论"和"Y理论"两种假设是美国管理学家麦格雷戈从人性的角度对以往的管理模式进行分析后提出来的。"X理论"的假设是:一般人天生厌恶工作、逃避责任、缺乏抱负、追求安全,因此必须加以强制、控制,并以惩罚相威胁,才能使他们为实现组织目标而付出适当的努力。"Y理论"的假设是:一般人并不是天生不喜欢工作,在恰当的条件下他们会追求责任,并视参与目标制定为一种成就和报酬,他们对自己所参与制定的目标能实行自我指挥和自我控制,并且多数人具有解决组织中问题的能力。麦格雷戈认为只有"Y理论"才能在管理上取得成功。

12.怎样认识科层制?

德国社会学家韦伯根据纯粹理想型的观点提出的科层制是一种理想化的管理模式。其主要特征是:① 内部分工,且每一成员的权力和责任都有明确规定;② 职位分层,下级接受上级的指挥;③ 组织成员都是因具备专业技术资格而被选中的;④ 管理人员是专职的公职人员,而不是组织的所有者;⑤ 组织内部有严格的规定、纪律,并毫无例外地普遍适用;⑥ 组织内部排除私人感情,成员间的关系只是工作关系。以上特征反映出科层制在结构和运行机制方面具有以下基本特征:

第一,组织成员是由一些专业人员充任的,他们受过专门训练,因而胜任本职工作,有能力完成工作任务,即该组织结构是一个能人结构。

第二,组织成员的行动受既定的严格而缜密的活动规则的指导。不仅下级成员,就是上级领导也要严格遵照既定规则和章程行事。因而科层制实行规则管理,是一种只见规则、不见成员的管理。

第三,这种管理方式带有明显的机械性,每一个成员都被当作组织这个严密规则系统中一个承担某项任务的部件,而不是具有复杂动机和情感的人。

韦伯认为理想的行政管理体系应该采用科层制这种管理方式,因为它的目标是追求高效率,他认为科层制是资本主义的原型。但韦伯所说的科层制不是现实的,而是纯粹理想型的。

科层制的功能:

第一,科层制的正功能。科层制的最大优点是能有效地实现组织目标,即它可以实现组织运行的高效率。韦伯认为,科层制是一种合理的管理方式,它在保证组织及其成员行动的准确性、稳定性以及严格的纪律性和可靠性等方面都优于其他管理方式。能人结构、成员之间紧密地连接与配合、事本主义原则共同保障了科层组织的有效运行,从而有效地达致既定的目标。

第二,科层制的负功能。韦伯的科层制是纯粹理想型的,它没有考虑到组织环境变化对组织运行的影响,也没有考虑到组织成员的多种需求。然而现实中的组织既是由具有复杂需求的成员组成的，也是在变化的环境中生存的。所以，有的社会学家认为，如果完全按照科层制去管理组织，可能会降低组织效率，从而不利于组织目标的实现，即科层制也可能有阻碍组织有效运行的负功能。

科层制的负功能产生的原因是：① 组织成员只照章办事，会增强他们的工具感，降低他们对工作的满意度，使他们丧失工作积极性。② 组织按专才选用人员，并为他们规定了严格的、必须遵守的规范，而当环境变化，从而要求组织及其成员的行为发生适应性变化时，这些受过专门训练的"专家"可能会束手无策，影响组织效率。③ 组织中严格的分层及权力的明确划分使上下级之间的沟通变得复杂而烦琐。由于上级没有赋予下级随机应变的权力，下级在遇到新情况时只能层层向上请示，这可能会贻误时机、贻误工作。同时，这也会束缚组织成员的创造精神。④ 事本主义把组织成员限制在工作范围之内，他们的情感需要得不到满足，久而久之会影响其积极性和工作效率。

由此看来，科层制既可以克服诸如家长制那样的主观随意式的无规则管理，从而提高组织效率，也可能由于过分严格死板的规则而妨碍成员积极性的发挥，影响组织效率。这就要求应尽量发挥其正功能，并避免其负功能。

13. 我国组织管理方面存在的问题

第一，家长制管理较为普遍。受传统观念的影响，一些组织的负责人喜欢把组织看作自己的领地，不讲科学管理，人治色彩浓厚。重个人决策，影响了组织成员参与管理的热情。

第二，行政因素干预管理。我国是一个"官本位"国家，长期以来的政企不分、责任不明使组织运行受到行政因素的过多干预。

第三，重人情，轻规则。

总的来说，我国的组织管理水平还比较低，组织管理的迫切任务是进一步发扬我国组织管理的优良传统，根据国情积极吸取包括科层制在内的先进管理经验，提高我国组织管理的水平。

三、综合练习

（一）单项选择题

1. 执行一定的社会职能，完成特定的社会目标，有计划地组合起来的社会群体是（　　）。

    A. 初级社会群体　　　　　　　　　B. 次级社会群体

    C. 社会群体　　　　　　　　　　　D. 社会组织

2. 社会组织的灵魂是指（　　）。

    A. 核心成员　　　　　　　　　　　B. 目标

    C. 规则　　　　　　　　　　　　　D. 物质设备

3. 社会组织的第一要素是（　　　　）。

    A. 成员   B. 章程

    C. 领导体系   D. 物质基础

4. 社会组织与外部环境的关系是（　　　　）。

    A. 交换、互动关系   B. 索取关系

    C. 对立关系   D. 奉献关系

5. 认为协调组织活动有五个机制的管理学家是（　　　　）。

    A. 泰勒   B. 明茨伯格

    C. 法约尔   D. 梅奥

6. 建立在下级对上级的个人效忠、服从和信赖基础上的管理方式是（　　　　）。

    A. 科层制   B. 泰勒制

    C. 家长制   D. 行为科学与参与式管理

7. 认为工人来厂做工仅仅是为了挣钱，因此通过物质刺激激励工人勤奋工作，提高工作效率的理论是（　　　　）。

    A. 科层制   B. 泰勒制

    C. 家长制   D. 霍桑实验

8. 关于社会组织内部职位分层、权力分等、分科设层、各司其职的管理方式是（　　　　）。

    A. 科层制   B. 家长制

    C. 泰勒制   D. 行为科学与参与式管理

9. 提出"社会人"假设的管理学家是（　　　　）。

    A. 泰勒   B. 法约尔

    C. 韦伯   D. 梅奥

10. 提出"X 理论"和"Y 理论"的管理学家是（　　　　）。

    A. 泰勒   B. 法约尔

    C. 麦格雷戈   D. 梅奥

（二）多项选择题

1. 社会组织的特征包括（　　　　）。

    A. 社会组织是有计划地组织起来的群体   B. 社会组织的目标明确

    C. 社会组织成员间的关系不十分亲密   D. 群体意识

    E. 社会组织实行事本主义原则

2. 非政府组织的特征包括（　　　　）。

    A. 组织性   B. 非政府性

    C. 非营利性   D. 自治性

E. 服务性

3. 社会组织的构成要素包括（　　　　）。

   A. 通过一定手续加入的成员　　　　　B. 特定的目标

   C. 规范的章程　　　　　　　　　　　D. 权威且组织成员认可的领导体系

   E. 必要的物质基础

4. 社会组织目标的意义在于（　　　　）。

   A. 目标是社会组织生存合理化的根据

   B. 目标是不同类型社会组织之间相互区别的标准

   C. 目标是社会组织内部分工合作的基础

   D. 目标是团结和鼓舞组织成员的力量

   E. 目标是衡量社会组织活动成效的标尺

5. 明茨伯格认为协调组织活动的机制有（　　　　）。

   A. 组织成员之间的相互调整　　　　　B. 领导对下属的直接监督

   C. 工作过程的标准化　　　　　　　　D. 产品的标准化

   E. 工作技能的标准化

6. 社会组织的管理方式及管理理论有（　　　　）。

   A. 家长制　　　　　　　　　　　　　B. 古典管理理论

   C. 行为科学管理理论　　　　　　　　D. 当代管理学派

   E. 未来管理学派

7. 家长制的主要特点包括（　　　　）。

   A. 权力高度集中　　　　　　　　　　B. 管理者基本上凭个人经验进行管理

   C. 以人性为核心　　　　　　　　　　D. 管理缺乏科学性

   E. 组织中缺乏严格的办事规则和明文规定的组织规范

8. 古典管理理论的典型代表是（　　　　）。

   A. 家长制　　　　　　　　　　　　　B. 科学管理理论

   C. 一般管理理论　　　　　　　　　　D. 科层制

   E. "X 理论"

9. 法国工业实业家、管理学家法约尔把管理的环节分为（　　　　）。

   A. 计划　　　　　　　　　　　　　　B. 组织

   C. 指挥　　　　　　　　　　　　　　D. 协调

   E. 控制

10. 科层制的主要特征包括（　　　　）。

   A. 内部分工　　　　　　　　　　　　B. 职位分层，下级接受上级的指挥

   C. 管理人员是专职的公职人员　　　　D. 组织内部有严格的规定、纪律

   E. 成员间的关系只是工作关系

（三）重要名词

社会组织　社会组织的结构　社会组织的目标　组织过程　社会组织的管理　家长制
霍桑实验　"X 理论"与"Y 理论"　科层制

（四）思考题

1. 什么是社会组织？它由哪些要素构成？

2. 什么是社会组织的正式结构与非正式结构？

3. 试述社会组织与环境的关系。

4. 怎样理解社会组织的目标是一个系统？

5. 什么是组织过程？它包括哪些内容？

6. 试述"经济人""社会人"的基本观点及相应的管理策略。

7. 试述科层制的主要特征，并对其功能进行分析。

四、综合练习参考答案

（一）单项选择题

1. D	2. B	3. A	4. A	5. B	6. C	7. B
8. A	9. D	10. C				

（二）多项选择题

1. ABCE	2. ABCDE	3. ABCDE	4. ABCDE	5. ABCDE	6. ABCD	7. ABDE
8. BCD	9. ABCDE	10. ABCDE				

（三）重要名词

1. 社会组织　　　　　　　（答案参见重要名词、术语 1）

2. 社会组织的结构　　　　（答案参见重要名词、术语 2）

3. 社会组织的目标　　　　（答案参见重要名词、术语 6）

4. 组织过程　　　　　　　（答案参见重要名词、术语 9）

5. 社会组织的管理　　　　（答案参见重要名词、术语 10）

6. 家长制　　　　　　　　（答案参见重要名词、术语 11）

7. 霍桑实验　　　　　　　（答案参见重要名词、术语 14）

8. "X 理论"与"Y 理论"（答案参见重要名词、术语 15）

9. 科层制　　　　　　　　（答案参见重要名词、术语 16）

（四）思考题

1. 什么是社会组织？它由哪些要素构成？（答案参见重要名词、术语1，重要理论和难点2）

2. 什么是社会组织的正式结构与非正式结构？（答案参见重要名词、术语3、4）

3. 试述社会组织与环境的关系。（答案参见重要理论和难点3）

4. 怎样理解社会组织的目标是一个系统？（答案参见重要理论和难点4）

5. 什么是组织过程？它包括哪些内容？（答案参见重要理论和难点5）

6. 试述"经济人""社会人"的基本观点及相应的管理策略。（答案参见重要理论和难点8、10）

7. 试述科层制的主要特征，并对其功能进行分析。（答案参见重要理论和难点12）

第六章　社　区

一、重要名词、术语

1. 社区

社区是聚居在一定的地域内相互关联的人群形成的生活共同体，即地域性社会生活共同体。

2. 滕尼斯

德国社会学家。滕尼斯在说明社会变迁的趋势时，使用了"社区"和"社会"两个概念。他认为社会正从一种由具有共同习俗和价值观念的同质人口所形成的关系亲密、富有人情味的社会联合向由契约关系和理性意志形成的联合变化。他认为，社区是通过血缘、邻里等建立起来的人群组合，是一个有机的整体。社会是靠人的理性建立起来的人群组合，是一种机械的合成体。滕尼斯认为，中世纪向近代的整个文化的发展就是从社区向社会的进化。

3. 吴文藻

中国著名的社会学家、民族学家。1935 年他任燕京大学社会学系主任，主张社会学中国化，努力倡导社区研究。他提倡用同一区位或文化的观点和方法来研究各种社区，主张把社会学的理论和方法与文化人类学或社会人类学结合起来，主张通过社区研究加深对中国社会的认识，并认为这种研究方法最适合中国国情。

4. 社区研究

社区研究也称社会分析，是以人类生活的社区为主要对象的研究活动。它把社区放在一定的时空坐标中，描述社区人们所赖以生存的社会结构，并通过比较发现该社区的特点，概括出它的模式类型。

5. 人文区位学

人文区位学也称人类生态学，是借用生物进化论原理，研究社区环境的空间格局及其相互依赖关系的学科。

6. 文化人类学

文化人类学是研究人类文化的起源、发展变化过程和文化差异与类型的学科。

7. 社会系统理论

社会系统理论把社区作为一个系统来分析，把社区视为个人、群体、机构之间相互作用的网络，认为社区的日常生活总是通过社区中的社会关系网络来进行的，各种社会关系经过长期发展，形成各种组织与制度，并成为社区的要素。

8. 农村社区

农村社区也称乡村社区，指的是以农业为主要活动聚集起来的人们生活的共同体。它可以小至一个村落，也可以大至相毗邻村落组成的区域，或更大的以农业为主要活动的区域。

9. 同质性

同质性是指社会学家用来分析某一社会分析单位内部各组成部分之间相似程度的一个概念。若各组成部分在某一方面差异很小，则说明它们之间具有较高的同质性。传统的农村社会就是同质性较高的社会。与同质性相对应的概念是异质性，指的是各部分之间的差异性。

10. 城市社区

城市社区是指在一定的地域范围内，大多数从事工商业或其他非农产业的一定规模的人口组成的共同生活的体系。在这里，一定规模的人口是主体，工商业及其他非农产业是人们的主要经济活动，地域则是他们的基本活动空间。

11. 区位结构

区位结构是指人们不同类型的活动空间在城市中的分布方式，即城市社区居民的生产、生活和工作场所在城市这块地域上所处的位置及空间结构。

12. 城市化

城市化是指人口向城市聚集，城市数量不断增加，城市规模不断扩大的过程。

13. 双重城市

双重城市是一些国家，特别是发展中国家城市发展中出现的一种现象：城乡差别和农村破产使大量农民流入城市，然而农民进城后并不能实现充分就业，即使谋得职业，也只能从事低等的、多数城市人不愿干的职业。于是，城市居民同进城农民在经济收入、社会地位、居住条件、生活方式等多方面出现巨大差异。

14. 城市化水平

城市化水平是衡量城市化程度的指标，其内涵是指某一区域内城市人口占总人口的比重。比重越大，说明这个区域的城市化水平越高。一般地，城市化水平在20%以下的为低水平，城市化水平在20%～40%的为一般水平，城市化水平在40%～70%的为中等水平，城市化水平在70%以上的为高度发展水平。

15. 城乡差别

城乡差别是城乡两类社区的居民在经济收入、政治地位、文化教育及生活方式等方面存在差异，但这种差异并不形成对立。城市成为政治中心、科技文化中心使城乡之间出现了这样一种关系：城市领导农村，城市优于农村。

16. 过度城市化

农村人口大量涌入城市，而城市难以吸纳，涌入城市的人口超过城市发展的需求和城市负载能力的现象称为"超城市化"或"过度城市化"。

17. 社区建设

社区建设是指政府、社会机构和社区居民强化社区要素、发展社区组织、增强社区活力、提高社区居民生活水平的过程。它不仅是指社区物质及设施条件的改善，更是指社区内聚力的增强，使社区更具有它应有特征的过程。

二、重点理论和难点

1. 社区的构成要素

第一，以一定的社会关系为基础组织起来的进行共同的社会生活的人群。相当数量的具有相互关联的人群是社区存在的首要条件。

第二，一定的有界限的地域。地域是人们活动的场所，是人们进行共同社会生活的依托。地域为人们提供了基本的生存空间，它不仅指承载人们进行活动的土地，也包括该地域可以向人们提供的各种资源和设施。

第三，共同的社会生活。进行共同的社会活动即共同的社会生活是社区的本质特征。人们在一定空间内进行的共同的社会生活是多种多样的，相互关联的经济活动、文化活动、精神活动为满足社区居民的需求提供了可能。

第四，社区文化。社区文化是社区居民在长期的共同生活中积淀而成的社区居民共享的价值观念、行为规范与准则的总和。它既满足社区居民的需要，也为居民之间的共同生活提供了规则和约束。

第五，社区居民对社区的归属感和认同感。归属感和认同感是社区居民对自己所属社区的依恋感，是社区成为生活共同体的表现。社区居民的这种共同体意识，使社区居民在心灵上相通，从而成为互相依赖、协调共生的群体。

以上要素是各种社区的共同点，但在不同社区具备这些要素的程度又有所不同。

2. 社区与社会的联系和区别

社区、社会两个概念是滕尼斯首先使用的。社区是聚居在一定地域内相互关联的人群形成的生活共同体。社会则是指建立在利益和目的之上的机械的统一体。

社区与社会都是人类生活的组合形式，社区也是社会的一种表现形式，但社区与社会又有明显区别：社区是具体的人类生活形式，社会则较为抽象；社区中人们之间的关系亲密，社会中的社会关系缺乏感情色彩；社区中的居民是一个个实体，他们在心理上是相通的，表现为社区意识，而社会中的人是抽象的角色；社区强调地域特征，不强调地域界限。

3. 人文区位学

人文区位学也称人类生态学，是借用生物进化论原理，研究社区环境的空间格局及其相互依赖关系的学科。区位学（生态学）是指各种生物在一个共生系统中所处位置或相互关系。人文区位学将社区作为一个人们生活的共同体，看作社会活动的空间单位。它注重研究不同人群在地域空间上的居住与活动分布，即区位结构，分析它们之间的相互关系，主张通过调整区位结构来加强社区成员之间的联系，使社区成为一个良好的生活共同体。

4. 芝加哥学派的社区研究

芝加哥学派是指主要由美国芝加哥大学培养出来的学者组成的研究群体。该群体注重经验研究，倡导并从事社区调查，不把创造新的理论体系作为自己的任务，而是重视用自己的眼睛去观察社会，并对此做出解释。芝加哥学派的最突出特点是重视社区研究，把城市作为研究的主题。他们运用地利之便，把芝加哥市当作实验室，对该市的各种社会问题进行调查。该学派的一个重大贡献是创造了人文区位学理论，并用这种理论去指导城市社区的研究。这种理论把社区视为社会活动的空间单位，是社区居民及其活动的区位分布。人文区位学在研究方法上注重深入社区进行实地观察，进行实证研究；在理论模式上注重研究区位结构与社会生活之间的相互影响，主张通过对区位结构的调整使社区成员加强联系，消除隔阂，形成共生关系。芝加哥学派的社区研究不但对美国社会学的发展产生了深远影响，而且对世界社会学的发展产生了重要作用。

5. 农村社区的特征

第一，农村社区的居住特征。从农村社区的区位结构来看，农村社区基本上采取了大聚居、小分居的居住方式。

第二，农村社区的产业特征。农村社区的主要产业是农业，包括农田种植业、林业、牧业、渔业，农业是第一产业，人类可以通过农业生产获得生存的必需品。

第三，农村社区的社会关系特征。血缘关系和地缘关系是农村社区占支配地位的社会关系。在农村社区，由于人们世世代代居住在一起，日常生活中又互相依靠、互相帮助，人际关系比较亲密，人们之间具有较为强烈的"我们"感，地域观念和宗族观念较强。

第四，农村社区的生活特征。农村社区的生活特征是与其生产方式密切相关的。农村社区呈现出生活节奏慢、自给性强、生活水平低、生活同质性高等特征。

6. 经济体制改革以来中国农村的发展

第一，农村经济结构趋于合理化。经济体制改革改变了计划管理的硬性约束机制，农村经济结构按照市场机制进行调整。在农田种植业得到发展的同时，其他非农产业也得到一定程度的发展。

第二，农民的物质生活水平提高。农民收入的增加导致消费结构的变化和居住条件的改善。但是农村经济呈现出不平衡发展趋势。

第三，农村社会组织方式发生变化。以家庭联产承包责任制为代表的经济体制改革抛弃了集中计划管理体制，给农民更多的自主经营权，原有的政治动员和行政等级管理式的农村组织方式也大大弱化。

第四，农民生活方式丰富多样。随着农民收入的提高和城乡交流的加快，以及大众传播的影响，农民的生活方式变得丰富多样，并向城市生活方式转化。

第五，农村发生了明显分化。受经济发展的影响，中国农村发生了明显分化。一方面表现为总体上东部地区农村经济快速发展，中西部地区农村经济发展相对滞后；另一方面表现为大城市近郊区农村发展较快，偏远地区农村发展缓慢。中西部地区农村出现大面积"空心化"现象，农村社会发展面临巨大挑战。

7. 城市社区的特征

第一，人口聚居规模大、密度大。这是城市社区明显的人口特征。城市居民相邻而居连成一大片，发达的现代城市向空中发展，从而使人口密度进一步增大。

第二，城市居民以工商业和其他非农产业为主要职业和谋生方式。现代城市以工业、商业和其他服务业为主要经济活动，城市居民以此为生。

第三，城市社区成员的异质性高。由于城市多因人口迁移杂居而成，城市居民从事的职业多样化，从而使得城市社区的成员之间，无论是生活方式还是行为方式，差异都比较明显。

第四，生活方式的多样化。由于城市居民的迁出点不同、职业不同、所受教育不同，又容易受其他文化的影响，城市居民的生活方式呈现出多样化特点，各种不同生活方式在城市中并存是正常的。

第五，人际交往中感情色彩比较淡薄。城市居民在人际交往中感情色彩比较淡薄，就事论事的交往方式比较普遍。

第六，城市社区的组织程度高、组织结构复杂。城市居民在职业、工作上分工比较明确，这就要求他们进行密切合作。

8. 城市化的动力

第一，工农业经济的发展。农业是人类生存的基础。一方面，农业的发展不但为城市的发展奠定了基础，而且农业生产率的提高还会产生剩余劳动力；另一方面，工业的发展需要大批劳动力，而这些劳动力主要来自农村，导致大量农村劳动力进入城市。有人将农村产生剩余劳动力并希望往外转移、城市因工业发展而吸纳农村剩余劳动力的现象称为城市化的"推拉理论"。

第二，社会管理机构的增多及科学、文化事业的发展。随着社会的发展，加强社会管理成为必然要求，另外，科学、文化、卫生等社会事业的发展也需要更多的人员加入其中，这就为农村劳动力进入城市开辟了另外一个渠道。

第三，城乡差别。城市和农村之间在物质生活、文化生活水平方面的差别对吸引农村劳动力进城有直接影响。一般来说，城市中较高的物质生活水平和丰富的文化生活对农村劳动力，特别是农村中的年轻人有很大的吸引力，并驱使他们进入城市。

第四，城市的中心作用。近现代以来，城市作为经济、政治、文化及信息中心，对农村发挥着越来越重要的辐射作用。同时，城市作为一种新的文明的代表，对农村产生越来越大的影响。

9. 改革开放以来我国的城市发展

第一，城市化发展政策。改革开放初期至 20 世纪末，我国实行谨慎的以调整城市结构为特征的城市发展政策，基本政策是"控制大城市规模，合理发展中等城市，积极发展小城市"。该政策内涵一方面是满足农村人口特别是农村年轻人向城市流动的愿望，另一方面可避免大城市快速发展带来难以承受的压力，避免像某些发展中国家那样出现快速发展的富人区与低劣的贫民窟并存的"双重城市"的弊病。以费孝通为代表的社会学家提出的大力发展小城镇的主张得到重视。该主张有两个要点：一是在农村工业化的基础上解决农村剩余劳动力的问题，将小城镇变为农村剩余劳动力的蓄水池，实现"离土不离乡"；二是靠小城镇沟通城乡，促进城乡协调发展。

21世纪初我国加入世界贸易组织后，全球化对我国城市化、工业化提出新的要求，农村城市化也成为人们改善生活条件、实现发展的内在要求，用城市发展带动农村发展、用消费拉动经济也成为国家的战略选择。中共中央、国务院印发的《国家新型城镇化规划（2014—2020年）》提出的城镇化发展目标是：以"两横三纵"为主体的城镇化战略格局基本形成，城市群集聚经济、人口能力明显增强，城市规模结构更加完善，中心城市辐射带动作用更加突出，中小城市数量增加，小城镇服务功能增强。这表明，我国的城市化已经向积极推动大中城市发展转变。

第二，城市化发展的成就与问题。1978—2013年，我国的城市化率从17.9%提升到53.7%，年均提高1.02个百分点。城市化发展取得了一些重要成就：带动我国经济快速增长和参与国际经济合作与竞争主要平台的形成；提高了城乡生产要素配置效率，推动了国民经济持续快速发展；城市基础设施显著改善，公共服务水平明显提高；吸纳了大量农村劳动力转移就业，促进了城乡居民生活水平全面提升；带来了社会结构的深刻变化。

快速城市化也带来一些突出的矛盾和社会问题：大量农业转移人口难以融入城市社会，市民化进程滞后；土地城市化快于人口城市化；城镇空间分布和规模结构不合理，城市群布局不尽合理，特大城市主城区人口压力偏大，中小城市集聚产业和人口不足，小城镇数量多、规模小、服务功能弱；城市管理服务水平不高，"城市病"问题日益突出；体制机制不健全，现行城乡分割的户籍管理、社会保障等制度，固化着已经形成的城乡利益失衡格局，制约着农业转移人口市民化，阻碍着城乡发展一体化。

10. 城乡协调发展

第一阶段：城乡分离。在远古时代，只有农村而无城市。随着生产发展、剩余产品的出现，城市才逐渐从农村分离出来。

第二阶段：城乡对立。城乡对立是指城市中的统治阶级通过剥削、压迫和其他强制手段对农村的剥夺和压迫。在人类历史上，直接造成城乡对立的是建立在阶级统治基础上的城市统治阶级对农村相对剩余劳动产品的剥削。经济上的剥削是以政治上的统治和压迫为基础的。即城市统治阶级在经济上剥削，政治上压迫农村，造成农村与城市的尖锐对立。

第三阶段：城乡差别。随着城市经济的发展，特别是工业化的发展，加强了城市的中心地位。城市成为政治中心、科技文化中心，使城乡之间出现了这样一种关系：城市领导农村，城市优于农村。城乡差别主要表现在以下方面：城市的中心地位使各个国家和地区常常把城市发展置于优先位置；为了支持城市发展，政府把投资重点放在城市，城市的各种公共设施、文化教育和服务事业得到发展；城市居民获得较多的生活福利。就总体而言，城市居民的经济收入、物质生活水平、文化教育程度均高于农村居民，工作和生活条件也优于农村居民。城乡差别保证了城市的优先发展，但它的一个直接后果则是农村发展缓慢，从而促使大量农村人口流向城市。

我国的城乡差别是明显和比较严重的。中华人民共和国成立后，我国选择了优先发展重工业，实行了限制农村居民迁往城市的户籍管理制度，教育、医疗等公共服务优先惠及城市居民，这就形成了城乡二元结构。改革开放以来，随着农村经济及城镇化的发展以及户籍管理制度的部分松动，城乡二元结构的格局有所变化。近年来，政府开始放宽农村人口进城定居的政策，吸引部分有经济能力的农村人口（主要是中青年）到城市落户和置业，这对改变城乡二元结构有一定贡献，但是也对城乡社区的建设和管理带来复杂影响。

第四阶段，城乡融合与协调发展。马克思、恩格斯在分析资本主义的矛盾和运行时指出，消灭城乡对立不仅是必要的，而且是可能的，城乡关系发展的前景是城市和乡村的融合。

城乡融合与协调发展的实现途径。关于怎样消灭城乡对立，缩小城乡差别，实现城乡平等和城乡融合，城乡一体化协调发展的思路是一把钥匙，即把城市和农村放在一个系统中加以考虑，全面规划，协调发展。在设计它们的发展时，要做到优势互补，并使它们的发展成果相互连接、相互为用，使城市与农村的发展形成互相促进的良性循环。

中华人民共和国成立前，我国的城乡关系是对立的；中华人民共和国成立后，我国的城乡关系由对立转变为差别，城市优于农村。为了缩小差别，实现城乡协调发展，我国提出"控制大城市规模，合理发展中等城市，积极发展小城市"的城市发展政策；打破城乡壁垒，促进城乡沟通，城乡之间广泛进行劳动力、资源、技术、产品的交流，促进城乡共同发展。城乡结合，城市支援农村。国家从"六五"时期开始，就有计划地帮助农村发展，同时采取鼓励城乡联合办厂等政策，极大地推动了农村的发展。城乡融合与协调发展是一项系统工程，其艰巨性、复杂性很大，需要我们进一步探索。

11. 我国的新农村建设与乡村振兴

新农村建设的背景：

进入 21 世纪后，"三农"问题有了一些新变化。农业结构调整向纵深推进，农民收入较快增长，农村税费改革取得重大成果，社会事业进一步发展。农业和农村的发展对保持国民经济平稳、较快增长和社会稳定发挥了重要的支撑作用。但是，农业基础设施薄弱、农村社会事业发展滞后、城乡居民收入差距扩大的矛盾依然突出。在走向经济全球化的过程中，解决好"三农"问题是促进工业化、城镇化，支持以城市经济体系为引擎的中国发展的重大课题，也是提高农村居民生活水平、实现城乡协调发展的唯一选择。

在这种背景下，中共中央、国务院 2005 年做出推进社会主义新农村建设的决定，提出要贯彻落实科学发展观，统筹城乡经济社会发展，实行工业反哺农业、城市支持农村和"多予少取放活"的方针，按照"生产发展、生活宽裕、乡风文明、村容整洁、管理民主"的要求，搞好新农村建设。

新农村建设的要求：

坚持以发展农村经济为中心，进一步解放和发展农村生产力，促进粮食稳定发展、农民持续增收；坚持农村基本经营制度，尊重农民的主体地位，不断创新农村体制机制；坚持以人为本，着力解决农民生产生活中最迫切的实际问题，切实让农民得到实惠；坚持科学规划，实行因地制宜、分类指导，有计划、有步骤、有重点地逐步推进；坚持发挥各方面积极性，依靠农民辛勤劳动、国家扶持和社会力量的广泛参与，使新农村建设成为全党、全社会的共同行动。

新农村建设的实践：

在新农村建设过程中，农村的产业结构得到进一步优化，第三产业得到一定发展；全国废止了《农业税条例》，农村劳动力外出务工经商，增加了农民收入；政府对农村公共设施建设加大了投入，农村公共服务得到一定发展；建立并实施了农村最低生活保障制度、新型农村合作医疗制度、新型农村社会养老保险制度，对原来边缘化的农村居民实施了保障；惠农的经济政策与社会政策一起，使农村居民的生活方式获得较大改善，生活质量得到较大提高。但是，一些落后农村的深层次、结构性问题还没有得到根本解决。

乡村振兴的目标：

中共中央、国务院制定了《乡村振兴战略规划（2018—2022年)》，指出乡村是具有自然、社会、经济特征的地域综合体，兼具生产、生活、生态、文化等多重功能，与城镇互促互进、共生共存，共同构成人类活动的主要空间；指出要通过制定和实施多项政策措施，促进农业全面升级、农村全面进步、农民全面发展。中央要求坚持农业农村优先发展，按照产业兴旺、生态宜居、乡风文明、治理有效、生活富裕的总要求，建立健全城乡融合发展体制机制和政策体系，加快推进农业农村现代化，走中国特色社会主义乡村振兴道路。

乡村振兴中的农村社区发展：

乡村振兴是指乡村的全面振兴，包括农村产业的发展、农民的发展和农村的进步。在乡村振兴中，产业兴旺是重点，生态宜居是关键，乡风文明是保障，治理有效是基础，生活富裕是根本。它要求统筹谋划农村经济建设、政治建设、文化建设、社会建设、生态文明建设和党的建设，注重协同性、关联性，整体部署，协调推进。

乡村振兴需要政府和社会的支持，关键是发挥农村自身的力量，在乡村振兴中社区发展占有重要位置。对于作为乡村振兴主体的农村居民来说，农村产业结构的调整，农村劳动力能力的提升，农民收入水平的不断提高，农村公共服务设施的改善，人居环境的改善，农村社会秩序的改善，都需要农村居民的积极参与。乡村振兴需要振兴正在失去的社区精神，弘扬优秀文化传统，发扬农村人不怕吃苦、坚韧不拔的奋斗精神，尊重农民的主体地位和作用，切实做好乡村社区治理，促进城乡协调发展。

12. 城市社区建设

我国的城市社区建设是20世纪90年代初提出来的，它是对"企业办社会"改革、单位制基本解组、企事业单位社会管理职能弱化所产生的问题的一种回应。2000年，民政部专门出台文件推动城市社区建设。社区建设包括社区服务、社区文化、社区卫生、社区治安、社区环境等内容，核心内容是改善居民生活服务和加强社区管理。

2009 年，民政部发布《关于进一步推进和谐社区建设工作的意见》，指出社区是人们社会生活的共同体和人居的基本平台，社区和谐是社会和谐的基础，加强社会管理的重心在社区，改善民生的依托在社区，维护稳定的根基在社区。基于这种认识，提出要把城乡社区建设成为管理有序、服务完善、文明祥和的社会生活共同体的目标，这是从新的角度和新的高度来审视城市社区问题，基层社区治理成为社会建设的重要任务，城市社区建设进入新阶段。

中共十八届三中全会提出推进国家治理体系和治理能力现代化，指出要统筹城乡基础设施建设和社区建设，优化城市空间结构和管理格局，增强城市综合承载能力，推进基层协商制度化，促进群众在城乡社区治理、基层公共事务和公益事业中依法自我管理、自我服务、自我教育、自我监督，以及发展城乡社区服务类社会组织，创新社会治理体制，都与社区建设有直接关系。

中共十九大提出要加强社区治理体系建设，推动社会治理重心向基层下移，发挥社会组织作用，实现政府治理和社会调节、居民自治良性互动。

13.我国城市发展新方略

面对城市发展中的机会和问题，2015 年中央城市工作会议提出新的城市发展方略：要以科学发展观为指导，贯彻创新、协调、绿色、开放、共享的发展理念，坚持以人为本、科学发展、改革创新、依法治市，转变城市发展方式，完善城市治理体系，提高城市治理能力，着力解决城市病等突出问题，不断提升城市环境质量、人民生活质量、城市竞争力，建设和谐宜居、富有活力、各具特色的现代化城市；指出城市发展要统筹空间、规模、产业三大结构，统筹规划、建设、管理三大环节，统筹改革、科技、文化三大动力，统筹生产、生活、生态三大布局，统筹政府、社会、市民三大主体。

三、综合练习

（一）单项选择题

1.聚居在一定地域内相互关联的人群形成的生活共同体，即地域性社会生活共同体指的是（　　）。

A.初级社会群体　　　　　　　　B.次级社会群体

C.社会组织　　　　　　　　　　D.社区

2.社区构成要素中的首要要素是（　　　）。

A.地域　　　　　　　　　　　　B.人群

C.文化　　　　　　　　　　　　D.设施

3.重视社区研究并把城市作为研究主题的学派是（　　）。

A.芝加哥学派　　　　　　　　　B.哈佛大学学派

C.哥伦比亚大学学派　　　　　　D.纽约大学学派

4.我国比较有代表性的社区研究始于 20 世纪 20 年代末，其主要代表人物是（　　）。

A.康有为　　　　　　　　　　　B.严复

C.吴文藻　　　　　　　　　　　D.费孝通

5."农村社区"最主要的形态是（　　）。

A.县城　　　　　　　　　　　　B.乡镇

C.村落　　　　　　　　　　　　D.开发区

6.家庭、家族在农村社区成为重要的组织形式，其纽带是（　　）。

A.血缘关系　　　　　　　　　　B.业缘关系

C.趣缘关系　　　　　　　　　　D.业缘关系

7.社区的基本形式是（　　）。

A.小城镇　　　　　　　　　　　B.区政府

C.街道办事处　　　　　　　　　D.居民委员会

8.相比其他因素，更有助于城市化水平提高的是（　　）。

A.农村社区演变为城市社区　　　B.农村人口迁入城市

C.生活水平的提高　　　　　　　D.基础设施的建设

9.在许多发达国家，出现了大城市居民向小城镇或农村迁移的现象，这种现象被称为（　　）。

A.过度城市化　　　　　　　　　B.逆城市化

C.效区化　　　　　　　　　　　D.城乡融合

10.中国城镇化由停滞到快速发展的起点是（　　）。

A.粉碎"四人帮"　　　　　　　B.农村改革

C.对外开放　　　　　　　　　　D.加入世界贸易组织

11.中国城乡发展的理想目标为（　　）。

A.城乡对立　　　　　　　　　　B.缩小城乡差别

C.农村发展为城市　　　　　　　D.城乡协调发展

12.《国家新型城镇化规划（2014—2020 年）》中提出我国城镇化发展目标是常住人口城镇化率达到（　　）。

A.50%　　　　　　　　　　　　B.60%

C.70%　　　　　　　　　　　　D.80%

13.随着我国工业化、城镇化的快速发展，土地资源越来越宝贵，我国守住耕地的红线为（　　）。

A.16 亿亩　　　　　　　　　　B.17 亿亩

C. 18 亿亩　　　　　　　　　　　D. 20 亿亩

14. 我国统筹社区建设的主管单位是（　　　）。

    A. 国务院　　　　　　　　　　B. 国家发展和改革委员会

    C. 农业农村部　　　　　　　　D. 民政部

（二）多项选择题

1. 社区的构成要素包括（　　　）。

    A. 以一定的社会关系为基础组织起来的进行共同的社会生活的人群

    B. 一定的有界限的地域

    C. 共同的社会生活

    D. 社区文化

    E. 社区居民对社区的归属感和认同感

2. 社区分析的框架包括（　　　）。

    A. 人文区位学的分析框架　　　B. 文化人类学的分析框架

    C. 历史发展学的分析框架　　　D. 社会系统理论的分析框架

    E. 功能分析学的分析框架

3. 农村社区的特征包括（　　　）。

    A. 大聚居、小分居的居住方式　B. 主要产业是农业

    C. 血缘、地缘关系占支配地位　D. 社会关系复杂

    E. 农民收益少、流动性小

4. 传统农村社区的特征包括（　　　）。

    A. 农业是唯一产业　　　　　　B. 家庭是基本组织形式

    C. 乡土观念浓厚　　　　　　　D. 农村的物资生活水平较低

    E. 土地占有是农村阶级、阶层划分的主要标准

5. 经济体制改革以来，我国农村发生了巨大变化，主要表现为（　　　）。

    A. 农村经济结构趋于合理化　　B. 农民的物质生活水平提高

    C. 农村社会组织方式发生变化　D. 农民生活方式丰富多样

    E. 农村发生了明显分化

6. 城市社区的特征包括（　　　）。

    A. 人口聚居规模大、密度大

    B. 城市居民以工商业和其他非农产业为主要职业和谋生方式

    C. 成员的异质性高

    D. 人际交往中感情色彩比较淡薄

    E. 城市社区的组织程度高、组织结构复杂

7. 城市化的动力包括（　　　）。

A. 工农业经济的发展

B. 社会管理机构的增多及科学、文化事业的发展

C. 城乡差别

D. 城市的中心作用

E. 城市的空间比农村的空间大

8. 中共中央、国务院在推进社会主义新农村建设决定中的建设要求是（　　　）。

A. 生产发展　　　　　　　　　B. 生活宽裕

C. 乡风文明　　　　　　　　　D. 村容整洁

E. 管理民主

9. 中共十八大以来提出的新发展理念是（　　　）。

A. 创新　　　　　　　　　　　B. 协调

C. 绿色　　　　　　　　　　　D. 开放

E. 共享

10. 2015年中央城市工作会议提出新的城市发展方略，内容包括（　　　）。

A. 城市发展要统筹空间、规模、产业三大结构

B. 统筹规划、建设、管理三大环节

C. 统筹改革、科技、文化三大动力

D. 统筹生产、生活、生态三大布局

E. 统筹政府、社会、市民三大主体

（三）重要名词

社区　社区研究　农村社区　城市社区　区位结构　城市化　城市化水平　过度城市化　社区建设

（四）思考题

1. 什么是社区？它的构成要素有哪些？

2. 试述农村社区的特征。

3. 试述经济体制改革以来中国农村的发展。

4. 试述城市社区的特征。

5. 什么是城市化？试分析城市化的动力。

6. 试述城乡关系的演变过程。

7. 试述我国乡村振兴的目标。

8. 试述城市社区建设的内容。

四、综合练习参考答案

（一）单项选择题

1. D	2. B	3. A	4. C	5. C	6. A	7. D
8. B	9. B	10. D	11. D	12. B	13. C	14. D

（二）多项选择题

1. ABCDE	2. ABD	3. ABCE	4. ABCDE	5. ABCDE	6. ABCDE	7. ABCD
8. ABCDE	9. ABCDE	10. ABCDE				

（三）重要名词

1. 社区　　　　　（答案参见重要名词、术语 1）

2. 社区研究　　　（答案参见重要名词、术语 4）

3. 农村社区　　　（答案参见重要名词、术语 8）

4. 城市社区　　　（答案参见重要名词、术语 10）

5. 区位结构　　　（答案参见重要名词、术语 11）

6. 城市化　　　　（答案参见重要名词、术语 12）

7. 城市化水平　　（答案参见重要名词、术语 14）

8. 过度城市化　　（答案参见重要名词、术语 16）

9. 社区建设　　　（答案参见重要名词、术语 17）

（四）思考题

1. 什么是社区？它的构成要素有哪些？（答案参见重要名词、术语 1，重点理论和难点 1）

2. 试述农村社区的特征。（答案参见重点理论和难点 5）

3. 试述经济体制改革以来中国农村的发展。（答案参见重点理论和难点 6）

4. 试述城市社区的特征。（答案参见重点理论和难点 7）

5. 什么是城市化？试分析城市化的动力。（答案参见重要名词、术语 12，重点理论和难点 8）

6. 试述城乡关系的演变过程。（答案参见重点理论和难点 10）

7. 试述我国乡村振兴的目标。（答案参见重点理论和难点 11）

8. 试述城市社区建设的内容。（答案参见重点理论和难点 12）

第七章　社会阶层与社会流动

一、重要名词、术语

1. 社会分化

社会分化是指社会中的个人或群体之间产生的、被社会认可的区别。社会分化是社会发展中的普遍现象，社会分化的原因一般是劳动分工的需要。劳动分工越来越细，社会分化也就越来越复杂。社会分化的基本因素则是基于生物的和社会的条件。

2. 户籍管理制度

户籍管理制度是国家通过各级权力机构对其所辖范围内的人口进行登记、分类和管理的制度。

3. 职业

职业是个人所从事的服务于社会并作为其主要生活来源的工作。

4. 社会阶层

社会学把由于经济、政治、社会等因素而形成的，在社会的层级结构中处于同一层次的一定数量的成员组成的群体称为社会阶层；把处于不同层级的群体称为不同阶层。

5. 阶级

阶级是指这样一些集团，由于它们在一定社会经济结构中所处的地位不同，其中一个集团能够占有另一个集团的劳动。

6. 社会分层

社会分层是根据某种标准将社会成员分属于相应社会阶层的过程。社会分层是社会分化的一种重要形式。由于阶级、地位、权力等不同，从而形成了不同的级别或社会等级。而职业的分工以及它们的社会价值和等级，则构成了社会分层的基础。

7. 社会流动

社会学把人们在社会结构空间中从一个位置向另一个位置的移动称为社会流动。

8. 水平流动

水平流动是指人们在社会地位相同的不同社会部门间的流动。

9. 垂直流动

垂直流动是指个人、家庭、社会群体在社会结构的不同阶级、阶层中的变化，是等级上的流动。

10. 精英

在社会学中，精英是指在某一领域，因能力和素质出众而超过大多数人，并在该领域有突出表现和对该领域产生重要影响的人。

二、重要理论和难点

1. 社会分化的类型

生物因素如性别、年龄、种族、智力等可以导致社会分化。① 性别。在人类社会中，人们最显著的区别之一是性别不同。性别本来是由自然因素造成的，但在所有社会中都能看到对男性与女性的待遇是有差别的，而且经常是不平等的。因此，男女在社会中就形成不同的功能或角色。② 年龄。在很多社会中，青年人、中年人与老年人之间有很大的区别，可按年龄赋予他们不同的社会角色。③ 种族。种族的不同也是一种生物现象，由于"非我族类"，就产生了很大的社会分化。

社会因素如教育、户籍管理制度、职业等会直接导致社会分化。① 教育。教育是提高人的素质的手段，无论是传统教育还是现代教育，都会带来社会分化。在现代，教育更是提高个人能力进而促进社会发展的重要途径。② 户籍管理制度。在我国，户籍管理制度将户籍属性分为非农业户口和农业户口，非农业户口的含金量大大高于农业户口，因此，持有非农业户口还是农业户口，就成为社会分化的一个重要影响因素。③ 职业。由于职业常与劳动条件、工资待遇、社会声望连在一起，职业就成为社会分化的重要影响因素。不同职业、不同层次的职业在社会上的地位差异和对个人发展的影响是明显的。

实际上，几乎任何社会因素都可能包含社会分化的因子，因为它们都明显或暗含着社会对它们的评价。

2. 社会分化与社会分工的关系

社会分化是指社会中的个人或群体之间产生的、被社会认可的区别。

从人类历史的发展来看，社会分工造成了社会的大分化。历史上三次大分工，使畜牧业、手工业、商业从农业中分离出来，三次大分工促进了生产力的发展，形成了不同的阶级。因此，一般来说，社会分工引起社会分化，社会分工越精细，社会分化就越复杂。但我们也要看到，社会分化并不一定都是由社会分工造成的，因为同一职业内部也有分化。

3. 社会阶层的基本特征

第一，客观性。社会阶层是客观存在的，人们在经济、政治、社会方面的差异形成了不同的阶层。这种客观性是由社会成员在某一或某些领域的资源分配状态决定的。

第二，多元性。社会阶层的划分具有多元性特征，即社会阶层不但包括经济方面的不平等，而且包括政治、社会生活方面的不平等。

第三，相对性。实际上，一个大社会或大型社会组织的众多社会成员在资源占有上基本是连续性的，即从高到低是逐渐过渡的，处于相邻两层边缘的成员之间的差异并没有那么大，所以，社会阶层具有相对性。

第四，变动性。社会阶层是处于变动之中的。一方面，表现为人员在阶层间可以变动；另一方面，随着社会分层标准的变化，社会阶层的地位也会发生变化。

4.马克思主义的阶级理论的基本内容

第一，阶级是一种社会历史现象，它与生产力发展的一定阶段相联系，它以剩余产品的出现为前提。阶级的本质是剥削。

第二，阶级是有相同的经济地位和共同利益的社会集团，共同的利益使它们具有共同行动的可能性。组织程度高的阶级有较强的行动能力。

第三，阶级内部可以划分为不同的阶层，同一阶级的不同阶层在对待问题的态度上可能存在差异，但他们的根本利益是一致的。

第四，阶级斗争是阶级对立的必然产物，当阶级矛盾不可调和时，就可能爆发社会革命。社会革命是阶级斗争的最高形式。

第五，阶级的消亡有赖于消除阶级产生的基础，消灭私有制和生产力高度发展是阶级消亡的基础。阶级的消亡意味着社会不平等的消灭，这也是人的解放和全面发展的前提。

5.社会阶层研究的意义

第一，社会阶层研究是阶级分析的深化。实际上，阶级内部还可以再进行细分，这就是阶级内部的分层。这种研究是阶级分析的细化和深化，它有利于更加全面、深入地认识社会阶级。

第二，社会阶层研究是阶级分析的必要补充。在阶级社会，在基本阶级之外还有一些非基本阶级和社会阶层。这样，只进行阶级分析就不全面，而进行社会阶层分析是对阶级分析的必要补充。

第三，在非阶级社会，社会阶层研究是认识社会结构的基本视角。在非阶级社会，阶级分析已不再是认识社会结构的基本方法。社会阶层研究能够更准确地认识社会结构，是社会结构分析的基本方法。

第四，社会阶层研究不是简单的学术性活动，实际上社会分层反映的是不同社会阶层的经济社会地位和生活状况、他们的社会态度和行为取向，以及不同阶层之间的关系，而这又与社会秩序、社会发展密切相关。

6.社会分层的三标准

德国社会学家韦伯强调经济、社会、政治是社会分层的三个既有联系又有区别的体系。这种分层三标准理论最早见于他的《宗教社会学论文集》一书。韦伯认为，经济上分化的结果，产生了"阶级"；社会上分化的结果，产生了若干"有地位身份的集团"；而政治上分化的结果，产生了若干有实力的"政党"。按照韦伯的说法，所谓财富，是指社会成员在经济市场中的生活机遇，就是个人用其经济收入换取商品与劳动的能力。这是划分社会阶层的经济标准。声望是社会分层的社会标准，是指一个人在其所处的社会环境中所获得的声望与尊敬。所谓权力，就是处于社会关系之中的行动者，即使在遇到反对的情况下也能实现自己意志的可能性。权力不仅取决于个人或群体对于生产资料的所有关系，也取决于个人或群体在政治组织中的地位。这就是政治标准。这种社会分层的三标准，体现了韦伯的历史多元相互作用的观点。

7. 社会分层的三种理论

第一，功能论。以帕森斯为代表的结构功能主义认为，社会是一个整体，分层制度有助于维护社会运行与社会秩序。帕森斯认为社会组织在结构上有三个不同的层次，即三个不同的功能系统——技术系统、管理系统和制度系统。这三个功能系统在统一目标下各司其职，又互相关联。这三个功能系统在一个组织中缺一不可，各有自己不可替代的功能。

第二，需要论。这一理论是美国社会学者戴维斯和莫尔提出的。需要论比功能论更进了一步。该理论认为分层能存在于任何社会，而且能长期存在并发挥一定效能，是基于以下四个先决条件：① 组织中有效的角色分配；② 必须有一定分配位置来表现他们；③ 担任角色的人必须经过一定的训练；④ 这些角色是自觉地表现自己的。假如社会中的人们及其所担当的社会角色、所享有的社会地位，在社会上都是雷同的，那就不需要分层制度。需要论的观点认为，衡量分层位置上的重要性有两种方法：一种是功能不可替代；另一种是地位联系别人的程度，联系程度越大，重要性越高。总之，分层是所有社会的需要。

第三，天才论。天才论经济认为等级越高越重要这种观点是不对的。事实上，非技术工人和技术工人在工作中同等重要，因为谁也离不开谁。分层是由于人们的各种机会和所受到的待遇不同。才智较高的人能身担重任，表现出色，因此必须对人们进行天才教育。

8. 社会分层的方法

在社会学的分层研究中，有客观法、主观法和声望法三种主要方法。

客观法也称客观评分法，是通过测量人们的经济收入、受教育程度、职业、住房等客观指标对其进行层次划分的方法。对这些客观指标的测量，可以比较符合实际地对人们进行分层，确定社会的阶层结构。

主观法也称主观评分法，是人们根据研究者给出的某种标准，对自己的情况进行对号归类，指出自己所属阶层的方法。由于人们看问题的角度不同，主观评价可能与实际情况有所偏离。这种分层方法主要用于测量人们的阶层归属意识。

声望法是熟悉社区（社群）情况的人，根据研究者给出的标准，对本社区（社群）成员进行评价，并进行阶层归类的方法。通过声望法，可以了解各种因素对声望的影响，以及声望的高低。

9. 改革开放以来我国社会阶层的变化及意义

社会分层是社会学的重要研究领域，改革开放以来我国社会阶层的重大变化促进了社会学界的相关研究。关于职业声望的研究结论是：声望最高的是专业化程度最高、有更多权力和社会地位的职业，如工程师、教授、作家、医生、物理学家和政府部长等。声望其次的是专业化程度一般的职业，如中小学教师、财会人员、国家机关人员、银行职员、商业公司经理等。声望第三的是理发师、美容师、各行各业工人，他们大多属于技术性的体力劳动群体。声望最低的是清洁工、废品收购员、搬运工人、保姆等。

我国职业分层的基本特点是：职业地位的高低主要取决于专业化程度，即专业化程度越高，职业地位就越高；脑力劳动者的职业地位高于体力劳动者；在体力劳动者中，技工的职业地位高于非技工；高技术工种的职业地位高于非技术工种；工作条件、工作环境、劳动强度也强有力地影响职业地位。

在众多研究中，以陆学艺领导的课题组 20 世纪末至 21 世纪初进行的相关研究最为著名。该课题组改造了赖特的研究框架，提出了以职业分类为基础，以组织资源、经济资源、文化资源占有状况作为社会阶层的划分标准，把当代中国职业群体划分为十大阶层，从高到低依次为国家与社会管理阶层、经理阶层、私营企业主阶层、专业技术人员阶层、办事人员阶层、个体工商户阶层、商业服务人员阶层、产业工人阶层、农业劳动者阶层，以及城市无业、失业和半失业人员阶层。这是一个有重要影响的社会分层研究。

社会分层是一个动态过程，它受重大经济、政治及社会现象的影响。进入 21 世纪，我国社会学界一直倡导建立以中等收入群体为主的"橄榄形"社会，并取得相当大的进展。

10. 阶级划分与阶层划分的区别及阶层划分的意义

阶级划分是依据人们在经济结构中所处的地位进行的，而阶层划分建立在阶级划分的基础上，并且依据人们社会地位的高低、政治权力的大小和其他社会因素。因此，阶级划分是阶级社会中最基本的社会分层，是其他一切社会分层的前提与基础。阶层划分可以帮助人们深入、具体地揭示社会的纵向结构。① 阶级划分对于基本阶级之外的社会阶层没有揭示。② 阶级划分揭示了阶级间的根本差别，但没有反映同一阶级内部人们之间的差别。阶层划分从理论上讲，是阶级划分的深化，从实践上看能够帮助人们制定具体的路线、方针、政策，从而指导人们在实际工作中获得成功。

11. 社会流动的类型及意义

根据不同的标准，社会流动可以分为不同的类型。根据流动主体，可分为个人流动、家庭流动、社会群体流动；根据流动方向，可分为水平流动和垂直流动，其中垂直流动又分为向上流动与向下流动；根据流动的参照物，可分为代际流动与代内流动。

个人流动、家庭流动、社会群体流动是指个人、家庭、群体社会地位的变化，这种变化既有垂直流动，也有水平流动。

水平流动是指人们在社会地位相同的不同社会部门间的流动。

垂直流动是指个人、家庭、社会群体在社会结构的不同阶级、阶层中的变化，是等级上的流动。这种流动使流动主体在社会地位、经济收入、社会声望、权力等方面都发生了实质性的变化，从而形成在不同的社会分层或阶层之间的向上或向下的流动。

代际流动是父母的社会地位与子女的社会地位的比较。同代或代内流动，参照物是个人的第一个职业，对比物则是他的最后一个职业。很明显，代际流动与代内流动既可能是水平流动，也可能是向上或向下的垂直流动。

12. 影响社会流动的因素

第一，经济和社会的发展。经济和发展的程度会对社会流动产生直接影响。在经济不发达的社会，人们常常在比较封闭的范围内生活。在经济比较发达的社会，新的机会不断出现，社会流动更加频繁。在西方发达国家，工业化、城市化启动和推动着社会流动与职业分化，经济越活跃，社会流动就越频繁。

第二，社会结构的性质。社会结构的性质是指社会在其构成上是封闭的还是开放的、是鼓励流动还是不鼓励流动。如果一个社会在制度安排上不鼓励甚至用很多制度限制社会成员的流动，那么社会流动的频率和多样性就会受到限制。社会在经济类型和文化上鼓励流动，社会流动就会比较频繁和制度化。

第三，教育与科学技术的发展。教育能够增强人的知识、开阔人的视野、启发人探索、促进人向上发展，是社会向上流动的推进器。教育的发展与科学技术的发展直接相关，科技创新带来社会的巨大变化，也推动着社会流动。

第四，家庭背景和文化资本。家庭的经济状况、父辈的政治和社会地位会直接影响子代的地位获得，这是先赋因素在发挥作用。那些从家庭中继承了丰厚文化资本的人，也容易增长自己的文化资本，实现向上流动。

13. 改革开放以来我国的社会流动

第一，我国社会流动的一般状况。改革开放以来，城乡居民的经济状况得到了不同程度的改善，人们活动的自由度在增加，社会生产率在提高，中等收入阶层规模在扩大，我国总体上经历着较快的向上流动。

第二，我国的精英流动和中底层群体的社会流动。① 精英流动。在改革开放背景下，社会学关注政治精英与经济精英之间的关系，并形成精英循环与精英再生产两种理论。精英循环理论认为，社会主义国家在改革过程中，原来的政治精英通过改革并没有变为改革后的经济精英，而一些非精英变成了经济精英，所以精英是循环的。精英再生产理论认为，社会主义国家在改革过程中，一批政治精英变成了经济精英，这就是精英再生产。② 中底层群体的社会流动。中底层群体的社会流动实际上是指向上流动的机会。改革开放以来，我国广大城乡居民的物质生活水平有了普遍提高，但是不同群体在经济收入、公共服务的享有和发展机会方面还是存在很大差异。从社会流动的角度看，中底层群体的社会流动既受先赋因素的影响，也受自致因素的影响。在宏观阶层结构变动上，先赋因素的影响比较明显，自致因素在微观阶层结构变动中有明显影响。这就是说，对于大多数人来说，一定的家庭背景对其社会流动的影响是明显的。

第三，改进社会流动制度，促进社会向上流动。我国是发展中国家，发展目标是实现国家现代化。改革开放以来，我国最突出、政府和社会最关注的社会流动是农民工的大规模流动。每年两亿多农民工在城乡之间流动，他们获得了与务农相比较高的收入，改善了家庭的生活状况。但是这种非制度化的流动也带来了众多社会问题。为了减少农民工大规模流动的负面影响，可以从以下方面完善相关制度：① 振兴乡村，发展农村产业，同时大力发展农村教育、卫生事业，提高农民的生活水平，减少背井离乡式的社会流动，实现农民在地向上流动；② 加强城市社会建设，促进城市对农民工的接纳，促进社会融合，同时提高农民工的城市生活适应能力；③ 完善政府的相关政策，全面进行市民、公民教育，加强对农民工的服务，通过政策制度激励和规范他们的行为。

大规模的社会流动在相当长的时间内仍将是我国的重要社会现象，我们必须在这方面加强政策和制度建设，促进整个社会的发展和整个社会结构的向上流动。

三、综合练习

（一）单项选择题

1. 社会中的个人或群体之间产生的、被社会认可的区别是指（　　）。

    A. 社会分工   B. 社会分化

    C. 社会分层   D. 社会阶层

2. 社会分化的原因是（　　）。

    A. 劳动分工   B. 私有制的产生

    C. 阶级的诞生   D. 国家的出现

3. 国家通过各级权力机构对其所辖范围内的人口进行登记、分类和管理的制度是（　　）。

    A. 工作制度   B. 拆迁制度

    C. 户籍管理制度   D. 特区制度

4. 根据某种标准将社会成员分属于相应社会阶层的过程是（　　）。

    A. 社会分工   B. 社会分化

    C. 社会阶层   D. 社会分层

5. 研究社会结构的重要方法是（　　）。

    A. 社会分化   B. 社会分层

    C. 社会流动   D. 社会变迁

6. 在西方社会学家中，（　　）提出的社会分层理论处于最重要的地位。

    A. 孔德   B. 斯宾塞

    C. 迪尔凯姆   D. 韦伯

7. 认为马克思的阶级理论仍有重要价值的学者是（　　）。

    A. 索罗金   B. 戈德索普

    C. 赖特   D. 普兰查斯

8. 通过测算人们的经济收入、受教育程度、职业、住房等客观指标对其进行层次划分的方法是（　　　）。

  A. 客观法　　　　　　　　　　　　B. 主观法

  C. 声望法　　　　　　　　　　　　D. 对比法

  9. 人们根据研究者给出的某种标准，对自己的情况进行对号归类，指出自己所属群体和阶层的方法是（　　　）。

  A. 客观法　　　　　　　　　　　　B. 主观法

  C. 声望法　　　　　　　　　　　　D. 对比法

  10. 熟悉社区（社群）情况的人，根据研究者给出的标准，对本社区（社群）成员进行评价并进行阶层归类的方法是（　　　）。

  A. 客观法　　　　　　　　　　　　B. 主观法

  C. 声望法　　　　　　　　　　　　D. 对比法

  11. 表明人们在社会结构空间中位置变动的是（　　　）。

  A. 社会分化　　　　　　　　　　　B. 社会分层

  C. 社会流动　　　　　　　　　　　D. 社会变迁

  12. 社会流动的基本动因是（　　　）。

  A. 经济与社会的发展　　　　　　　B. 城镇化速度加快

  C. 社会结构的性质　　　　　　　　D. 城乡差别

  13. 改革开放以来，我国最突出、政府和社会最关注的社会流动是（　　　）。

  A. 知识青年回城　　　　　　　　　B. 政府干部下海

  C. 知识分子迁移　　　　　　　　　D. 农民工进城

（二）多项选择题

  1. 社会分化的生物因素包括（　　　）。

  A. 性别　　　　　　　　　　　　　B. 年龄

  C. 种族　　　　　　　　　　　　　D. 健康

  E. 智力

  2. 社会分化的社会因素包括（　　　）。

  A. 教育　　　　　　　　　　　　　B. 民族文化

  C. 户籍管理制度　　　　　　　　　D. 职业

  E. 地位

  3. 社会阶层的基本特征包括（　　　）。

  A. 客观性　　　　　　　　　　　　B. 多元性

  C. 稳定性　　　　　　　　　　　　D. 相对性

  E. 变动性

  4. 社会阶层研究的意义包括（　　　）。

A. 社会阶层研究是阶级分析的深化

B. 社会阶层研究是阶级分析的必要补充

C. 在非阶级社会，社会阶层研究是认识社会结构的基本视角

D. 社会阶层研究是判断社会进步的标尺

E. 社会阶层研究不是简单的学术活动

5. 韦伯社会分层的划分标准主要包括（　　　）。

A. 财富　　　　　　　　　　B. 声望

C. 受教育程度　　　　　　　D. 权力

E. 家庭背景

6. 对社会分层功能的解释包括（　　　）。

A. 社会发展论　　　　　　　B. 功能论

C. 需要论　　　　　　　　　D. 天才论

E. 社会管理论

7. 社会分层的方法包括（　　　）。

A. 主观法　　　　　　　　　B. 客观法

C. 声望法　　　　　　　　　D. 分析法

E. 职业法

8. 社会流动的类型包括（　　　）。

A. 个人流动　　　　　　　　B. 群体流动

C. 水平流动　　　　　　　　D. 垂直流动

E. 代际流动

9. 影响社会流动的因素包括（　　　）。

A. 经济和社会的发展　　　　B. 教育与科学技术的发展

C. 社会结构的性质　　　　　D. 家庭背景

E. 文化资本

（三）重要名词

社会分化　社会阶层　阶级　社会分层　社会流动　水平流动　垂直流动　精英

（四）思考题

1. 试述社会分化的含义和类型。

2. 什么是社会阶层？试述社会阶层研究的意义。

3. 试述社会分层的三标准。

4. 试述社会流动的类型及意义。

5. 试述改革开放以来我国社会阶层的变化及意义。

6. 试述改革开放以来我国社会流动的一般状况和趋势。

四、综合练习参考答案

(一) 单项选择题

1. B	2. A	3. C	4. D	5. B	6. D	7. C
8. A	9. B	10. C	11. C	12. A	13. D	

(二) 多项选择题

1. ABCE	2. ACD	3. ABDE	4. ABCE	5. ABD	6. BCD	7. ABC
8. ABCDE	9. ABCDE					

(三) 重要名词

1. 社会分化 （答案参见重要名词、术语 1）
2. 社会阶层 （答案参见重要名词、术语 4）
3. 阶级 （答案参见重要名词、术语 5）
4. 社会分层 （答案参见重要名词、术语 6）
5. 社会流动 （答案参见重要名词、术语 7）
6. 水平流动 （答案参见重要名词、术语 8）
7. 垂直流动 （答案参见重要名词、术语 9）
8. 精英 （答案参见重要名词、术语 10）

(四) 思考题

1. 试述社会分化的含义和类型。（答案参见重要名词、术语 1，重要理论和难点 1）
2. 什么是社会阶层？试述社会阶层研究的意义。（答案参见重要名词、术语 4，重要理论和难点 5）
3. 试述社会分层的三标准。（答案参见重要理论和难点 6）
4. 试述社会流动的类型及意义。（答案参见重要理论和难点 11）
5. 试述改革开放以来我国社会阶层的变化及意义。（答案参见重要理论和难点 9）
6. 试述改革开放以来我国社会流动的一般状况和趋势。（答案参见重要理论和难点 13）

第八章　社会制度

一、重要名词、术语

1. 社会制度

社会制度有宏观的社会制度、中观的社会制度和微观的社会制度三个层次之分。宏观的社会制度是指一个国家的总的社会经济制度，中观的社会制度是指某一社会领域的具体制度，微观的社会制度是指社会组织和群体中的规则、行为规范或办事程序，这是狭义的或小尺度的社会制度。社会学研究社会制度着眼于中观层次，认为社会制度是为了满足人类的社会需要，在一定的历史和现实条件下形成的社会关系，以及与此关系相联系的社会活动的规范体系。

2. 本原的社会制度

本原的社会制度是指在人类社会中出现最早，对人类生活的规范最基本、最重要，而且是其他社会制度母体的社会制度。对人类来说，经济制度和家庭制度是两种本原的社会制度。

3. 派生的社会制度

派生的社会制度是指它们从本原的社会制度中生长、演化和发展出来，是后来的。派生的社会制度包括政治制度和教育制度等。派生的社会制度是社会发展、文明进步的产物。社会越发达、越先进，派生的制度就越多、越有成效。

4. 社会制度体系

既然社会生活是整体的，那么反映社会生活的社会制度也应该是成体系的，这就是社会制度体系。

5. 概念系统

社会制度之所以能够被人们所接受，是因为其内部都有一套理论作为自己存在的根据和使人接受的理由，这套理论称为"概念系统"。它是某个社会制度大系统的第一个子系统。

6. 规则系统

社会制度都包含一整套活动规则即规则系统，用以规定在这个制度笼罩下的人们之间的相互关系（地位与角色、权利与义务等）以及人们各自的行为模式。

7. 社会整合

社会整合是指社会各组成部分的一体化机制，是整体的各部分之间相互协调，结合成一个有机体的过程和状态。

8. 制度的生命周期

制度的生命周期是指一种社会制度从其产生、不断完善到成熟、再到不太有效而衰落、直至消亡的过程。

9. 制度建设

制度规则的制定，组织等资源筹集聚合，并推动制度运行的过程称为制度建设。简言之，制度建设就是建设制度的过程。

10. 制度化

制度化是社会学的一个重要概念，指的是一项规则逐渐完整、被相关人群认可，并发挥作用的过程。

11. 制度变迁

在社会学中制度发生变化称为制度变迁。制度变迁是制度的各组成部分、运行机制以致制度体系发生变化的现象和过程。

12. 制度化逃避

制度化逃避是指当某些行为不相协调以致相互冲突时，人们利用一种社会制度所允许的行为规范来对抗另一种行为规范以逃避可能遭到的制裁的现象。即当某种行为用一套行为规范衡量可能会被制裁时，行为者利用另一套行为规范作为挡箭牌，保护自己的行为。制度化逃避常常发生在社会发生变动，新旧制度和规则相互交织的情况下。

二、重要理论和难点

1. 怎样理解三个层次社会制度的关系？

社会制度在现实生活中有三个不同的层次，即宏观的社会制度、中观的社会制度和微观的社会制度。当我们把社会制度界定为"为了满足人类的社会需要，在一定的历史和现实条件下形成的社会关系，以及与此关系相联系的社会活动的规范体系"之后，它与上述三个层次的社会制度是什么关系呢？

在社会学中所使用的社会制度是从中观层次着眼的。由于中观的社会制度是由许多具体的行为规范组成的，因此，它与微观的社会制度有了密切的联系。如教育制度，它是由许多与教育相关联的活动组成的，每一个活动中都有指导人们活动的规则，如招生制度、考勤制度、考试制度等。这些具体的办事制度积累、整合成为一种教育制度。中观的社会制度与宏观的社会制度也有类似的关系。按照马克思的观点，社会是由人们的交往形成的关系体系。人们之间的交往是在一定的活动领域进行的，马克思把人们的活动领域分为经济生活、政治生活、社会生活和精神生活等领域。在每种活动领域指导人们交往、活动的规范体系的总和即是此领域的社会制度，也就是中观的社会制度。各活动领域的社会制度整合起来就是一个国家或地区的总体社会制度，即社会经济形态意义上的社会制度。由此看来，三个层次的社会制度是相通的。

另外，社会制度包括社会关系体系和社会行为规则系统。社会关系体系是包含于社会行为规则系统之内的，因为社会关系表现为一套行为规则。但是，社会行为规则并不仅限于社会关系或人们之间的交往关系。这是因为人们的行为有时只涉及人与自然的关系，人们的行为规则主要不是受制于人们之间的交往关系，而是更多地受自然条件的制约。如春种、夏管、秋收、冬藏构成农民制度化的生产活动，即农耕制度。而农民之所以按此模式活动，是由农作物的生长规律和自然条件所决定的。

2. 社会制度的含义

对社会制度的理解有以下几点需要说明：

第一，社会制度是为了满足人类的社会需要而产生的，是人类在长期的共同活动中形成的，它对人类社会生活具有一定的社会功能。

第二，社会制度是社会关系的规范体系、社会活动的规则体系，即成套的、成系列的规范，而不是单独的、个别的规范。

第三，社会制度是人们从事社会活动和社会行动的指南。社会制度的价值和作用是指导人们在一定领域行动，能发挥指导作用的规则体系才是真正的社会制度。

第四，社会制度是一定历史条件和现实条件下的产物。也就是说，社会制度是随着一定条件的变化而变化的，有什么样的条件，就有什么样的制度。

3. 社会制度的特征

第一，普遍性。从现在能够看到的社会或能够发掘到的古代人类社会遗迹，人们已经认识到普遍存在社会制度。总的来说，家庭、经济、政治、教育、宗教这五种最基本的社会制度，不同程度地存在于世界一切国家、民族、社会中。

第二，相对稳定性。社会制度是相对稳定的、规范化的社会结构形式。在一定的条件下，社会要求秩序和安定，希望不要朝令夕改，制度的相对稳定性正体现和满足了人们的这一要求。

第三，多样性。社会制度是多种多样的，可以说，人类有怎样的大规模的、基本的共同生活，就会建立某种社会制度与之相匹配，以指导和约束人类的共同生活。

第四，变异性。社会制度是一定历史条件和现实条件下的产物，是随着条件的变化而变化的。一成不变的社会制度是不存在的。

第五，功能性。社会制度的重要特点是能真正发挥指导人类行为、满足人类需要的功能，这是现实的、行动着的社会制度的基本特征。

4. 社会制度的类型与体系

社会制度的类型：

社会制度是复杂多样的，从产生和发展的角度看，社会制度可以分为两类：本原的社会制度和派生的社会制度。① 本原的社会制度是指在人类社会中出现最早，对人类生活的规范最基本、最重要，而且是其他社会制度母体的社会制度。对人类来说，经济制度、家庭制度是两种本原的社会制度。② 派生的社会制度是指它们从本原的社会制度中生长、演化和发展出来，是后来的。但派生的、后来的社会制度并不意味着在社会生活中不重要。相反，它们是社会发展、文明进步的产物。社会越发达、越先进，派生的社会制度就越多、越有成效。派生的社会制度包括政治制度和教育制度等。宗教制度是一种比较特殊的、综合性的社会制度。

社会制度体系：

既然社会生活是整体的，那么反映社会生活的社会制度也应该是成体系的，这就是社会制度体系。对于社会制度体系的阐释，可以从两个角度进行：纵向视角和横向视角。从纵向视角研究社会制度体系就是分析不同层次社会制度之间的关系。社会制度分为宏观的社会制度、中观的社会制度、微观的社会制度三个层次。实际上，三个层次的社会制度是紧密联系的。宏观的社会制度一定会而且必须要在中观的社会制度中表现出来。同样的道理，中观的社会制度的要求也必须在微观的社会制度中得以体现。所以三个层次的社会制度应该是贯通的，它们构成了纵向的社会制度体系。从横向视角看，各种社会制度也是直接或间接地联系在一起的。因为社会生活是整体的，所以社会生活中的经济因素、政治因素、社会因素等是交织在一起的，或者说某种社会生活是受多方面因素影响的。

再进一步，将纵向视角和横向视角结合起来，社会的全部制度就形成一个庞大的、内部结构复杂的制度体系。实际上这是分析社会制度的基本视角，即综合的整体视角。社会制度体系为我们提供了一个从更广阔的视野分析某一社会制度的框架，对开展社会制度研究有重要意义。

中共十九届四中全会强调制度建设，提出要建立和完善社会主义制度，形成和发展党的领导和经济、政治、文化、社会、生态文明、军事、外事等各方面制度……构建系统完备、科学规范、运行有效的制度体系。这里清楚地反映了把社会制度看作制度体系的基本观点。

5. 社会制度的构成要素

第一，概念系统。社会制度之所以能够被人们所接受，是因为其内部有一套理论作为自己存在的依据和使人接受的理由，这套理论称为"概念系统"。它是某个社会制度大系统的第一个子系统。不同的社会制度具有不同的社会概念系统。制度的概念系统是在制度长期实践、逐步完善与充实的过程中形成的，反过来其又促进制度的不断改进与发展。

第二，规则系统。社会制度都包含一整套活动规则即规则系统，用以规定在这个制度范围下的人们之间的相互关系（地位与角色、权利与义务等）以及人们各自的行为模式。缺少了规则系统，执行的人将无所适从。一套规则系统如果已经落后于实际，便会只是一纸空文。

第三，组织系统。制度是抽象的，制度的有形代表是它的组织系统，用以推动和检查制度的执行。一种社会制度能否顺利运行，除了必须有一套为人接受的概念系统、有效的规则系统，在很大程度上还要依靠一个领导有方、成员精干、工作效率高的组织系统，这样才能充分发挥这种制度的职能。

第四，设备系统。社会制度的施行还有赖于一定的设备，这是制度得以施行的物质条件。对于一种具体的社会制度来说，以下四个要素缺一不可：概念、规则、组织和设备，四者共同构成制度的整体。一种现实的社会制度，如果既具有"灵魂"（概念、规则），又具有"躯体"（组织、设备），就能够真正有效地发挥功能。

6.官僚制度组织系统的基本特征

第一，权力分配实行高度中央集权制，而不是地方分权制。

第二，就人治与法治的区分看，重视人治，皇帝有至高无上的权力，群臣不过是执行皇帝的意志和命令。人治也就是家长制。国家权力集中于皇帝，家庭权力集中于家长。中国封建社会实行"家国同构"，保障了朝廷对民间的管理。

第三，组织上建立等级制的职能机构，为皇权服务。

7.社会制度的功能

第一，满足人们社会生活的需要。任何制度都是由人设置和为人设置的，其目的是满足人们社会生活的需要。因为人们在共同参与社会生活的过程中需要协调，所以要有共同认可的、稳定的规则，这就是制度。制度是人们从事共同社会活动经验的总结，它能更有效地满足人们社会生活的需要。

第二，提供社会化和社会选择机制。人的社会化主要是指在青少年阶段要他们认识社会角色和学习社会规范，无论是社会角色还是社会规范，都是由社会制度规定的。社会制度的有形机构，如幼儿园、学校、图书馆、博物馆等，都是文化制度、教育制度的有形设施，它们提供了对人进行社会化的有效机制，通过这些机构的活动，达到人的社会化的目的。社会制度实际上起到社会选择的筛选作用，通过社会制度，把不符合条件的人筛选出去，把符合条件的人留下来。

第三，促进社会整合。社会上的人有不同的生活和文化背景，其行为具有独特性。社会制度是人们社会关系的规范体系、行为的准则。人们按照规范行事，就能使整个社会关系表现得比较协调、有序、有效。否则，只要有一种重要的制度运行失灵，就会造成整个社会的混乱。

第四，传递社会文化。文化是历史的积淀，是靠一代又一代人不断继承、总结、改造、创新、积累发展起来的。社会制度也是人类的文化，而且是按照一定程序编排起来的关于人们共同的社会生活的经验系统。社会制度的普遍实施、被高度认可和具有稳定性，使文化的传递功能得以实现。

第五，社会制度的负功能。社会制度的负功能是社会制度不利于人们社会生活的共同开展，或对社会发展起阻碍作用的现象。为什么会发生这种情况？主要有两方面原因：① 社会制度失当。社会制度的制定者和实施者未能客观、科学地了解社会生活领域的状况，所制定的制度规范不符合实际，进而不能满足人们的要求。② 社会制度过时。时过境迁，原来制定的社会制度已经过时，不能满足人们发展了的需要并有效指导人们的行动。

8.制度的生命周期

第一，形成阶段。当社会上出现某种社会问题或某些需要的时候，政府或有责任者会采取临时的、个案式的方法去解决。当人们有了共同需要时，政府等就要设计一些共同的行为规则，通过明确和强化它的价值、建立执行的组织体系，使其逐步发挥作用。制度形成时期的标志是新制度的规则体系逐渐完善，制度在相应领域的功能范围扩大，人们对新制度逐渐认可。

第二，成熟阶段。制度的生命周期的成熟阶段是制度的规则体系已经建立，组织体系已经配套，并有效地发挥其功能的阶段，这一阶段也叫制度的效能阶段。在这一阶段，制度仍在不断完善。总体上，制度规则及其运行与人们的需要相吻合。

第三，形式化阶段。制度成熟之后就会自我运行，制度逐渐走向定型化。然而，由于人们的需要总是在变化，制度的运行环境也在发生变化，因此，这种定型化的功能模式可能会与其功能目标脱节，这样，制度就变得越来越形式化。实际上，制度的形式化是其达到巅峰状态之后走向老化的表现。

第四，消亡阶段。当制度基本上不能满足人们的需要时，就进入消亡阶段。在这一阶段，制度已经不能反映社会的需求，制度规则已基本失去约束力，制度化的活动流于形式，甚至引起人们的普遍反感，这表明制度已由正功能状态转向负功能状态。过时的制度会走向消亡。

9. 关于制度改革

制度改革是不根本废止原有制度，而是改革其不合时宜的部分，完善社会制度，以使其发挥正常功能的过程。制度改革与制度建设既有相同之处，又有差异。相同之处在于二者都是完善制度，但制度建设是指制度从不完善到完善的过程，制度改革则是指社会制度从不适应到适应的过程。制度建设面对的是制度的不完善，制度改革面对的是原有制度的过时。

社会制度同体制是含义十分相近的两个概念，二者指的都是在某一社会领域起作用的社会关系及行为规范系统。经济体制改革，从社会学意义上，用社会学的术语来说也就是经济制度的改革。经济体制改革涉及发展经济的指导思想的改变、经济运行规则的变化，这些都是制度变迁的主要内容，即社会制度体系中概念系统、规则系统的变化。

10. 体制改革中的制度创新与路径依赖

我国的改革开放是以打破计划经济体制的约束为基本特征的。改革开放以来，各级政府、各个领域为了更快地发展经济而竞相创新。这一方面促成了全面改革的态势，另一方面出现了一些改革不同步、不整合，以及为部门利益而改革、为创新而创新的现象。制度创新应该是科学的、谨慎的，因为它会影响一批人的行为。

实际上，在经济社会领域，完全的、革命性的制度创新是比较少的，因为制度创新需要成本，不仅有经济成本，还有社会成本。于是，在制度变迁中就比较广泛地出现了制度变迁的路径依赖现象。

美国经济史学家诺斯强调制度在经济发展中不容忽视的作用，而制度包括规章、依赖的程序和伦理道德行为准则。他指出，人们过去做出的制度选择决定着他们现在可能的选择，这就是制度变迁的路径依赖。造成制度变迁的路径依赖的主要原因是：一种制度形成后，会产生与这一制度共荣共存的利益集团，他们愿意维持这种制度；一种制度形成后，制度中的行动者形成一定的工作或行为方式，出于惰性，他们不愿意实行新制度。制度变迁的路径依赖十分普遍，制度变迁的路径依赖一方面能带来制度改革的相对稳定性，另一方面会使得重大改革很难真正实行。

11. 走向社会现代化进程中的制度建设

中华人民共和国成立后不久，我国就确定了建设现代化国家的目标。一个国家要现代化，就要有与之相适应的社会制度体系，全面深化改革就是对原来的社会制度体系的改革、完善和创新。为坚持和完善中国特色社会主义制度，推进国家治理体系和治理能力现代化，中共十九届四中全会集中关注制度建设问题，指出要突出坚持和完善支撑中国特色社会主义制度的根本制度、基本制度、重要制度，构建系统完备、科学规范、运行有效的社会制度体系。这是我国社会主义现代化进入新阶段的重大战略部署。科学的制度将保障经济社会的稳定运行和发展。在走向社会主义现代化的进程中，加强社会制度和社会制度体系建设，将有力地推进我国现代化事业的发展。

三、综合练习

（一）单项选择题

1. 提出社会学研究应注重"中层理论"的社会学家是（　　）。
   A. 孔德　　　　　　　　　　B. 帕森斯
   C. 默顿　　　　　　　　　　D. 迪尔凯姆

2. 为了满足人类的社会需要，在一定的历史和现实条件下形成的社会关系，以及与此关系相联系的社会活动的规范体系是（　　）。
   A. 社会制度　　　　　　　　B. 社会控制
   C. 社会变迁　　　　　　　　D. 社会分层

3. 被社会学家一直认为比较特殊的、综合性的社会制度是（　　）。
   A. 家庭制度　　　　　　　　B. 经济制度
   C. 政治制度　　　　　　　　D. 宗教制度

4. 提出要坚持和完善支撑中国特色社会主义制度的根本制度、基本制度、重要制度，构建系统完备、科学规范、运行有效的社会制度体系的是（　　）。
   A. 中共十九届三中全会　　　B. 中共十九届四中全会
   C. 中共十八届三中全会　　　D. 中共十八届四中全会

5. 整合作用是指（　　）。
   A. 一个社会的整体作用　　　B. 将各部分合在一起
   C. 将各部分协调成为一个整体　D. 一个社会的稳定

6. 一种社会制度从其产生、不断完善到成熟、再到不太有效而衰落、直至消亡的过程称为（　　）。

    A. 制度建设　　　　　　　　　　B. 制度改革

    C. 制度消灭　　　　　　　　　　D. 制度的生命周期

7. 制度的规则体系已经建立，组织体系已经配套，并有效地发挥其功能的阶段是（　　）。

    A. 形成阶段　　　　　　　　　　B. 成熟阶段

    C. 形式化阶段　　　　　　　　　D. 消亡阶段

8. 我们把制度规则的制定，组织等资源的筹集聚合，并推动制度运行的过程称为（　　）。

    A. 制度建设　　　　　　　　　　B. 制度化

    C. 制度变迁　　　　　　　　　　D. 制度体系

9. 有人借改革假公济私，有所谓"你有政策，我有对策"，这种现象称为（　　）。

    A. 制度化优先　　　　　　　　　B. 制度化冲突

    C. 制度化逃避　　　　　　　　　D. 制度化建设

10. 提出制度变迁路径依赖的经济史学家是（　　）。

    A. 萨缪尔森　　　　　　　　　　B. 斯蒂格利茨

    C. 曼昆　　　　　　　　　　　　D. 诺斯

（二）多项选择题

1. 社会制度的几个层次包括（　　）。

    A. 宏观层次　　　　　　　　　　B. 微观层次

    C. 中观层次　　　　　　　　　　D. 历史发展层次

    E. 不分层次

2. 对社会制度定义的理解，需要说明的几点包括（　　）。

    A. 社会制度是为了满足人类的社会需要而产生的

    B. 社会制度是永恒的

    C. 社会制度是成套的、成系列的规范

    D. 社会制度是人们从事社会活动和社会行动的指南

    E. 社会制度是一定历史条件和现实条件下的产物

3. 社会制度的特征包括（　　）。

    A. 多样性　　　　　　　　　　　B. 普遍性

    C. 相对稳定性　　　　　　　　　D. 变异性

    E. 功能性

4. 最基本的社会制度类型包括（　　）。

A. 经济制度   B. 家庭制度

C. 政治制度   D. 教育制度

E. 宗教制度

5. 社会制度的构成要素包括（ ）。

  A. 概念系统   B. 规则系统

  C. 组织系统   D. 控制系统

  E. 设备系统

6. 社会制度的功能包括（ ）。

  A. 满足人们社会生活的需要   B. 提供社会化和社会选择机制

  C. 促进社会整合   D. 传递社会文化

  E. 社会制度的负功能

7. 制度的生命周期可分为（ ）。

  A. 萌芽时期   B. 形成阶段

  C. 成熟阶段   D. 形式化阶段

  E. 消亡阶段

8. 制度变迁的具体表现包括（ ）。

  A. 制度成长   B. 制度建设

  C. 制度改革   D. 制度衰败

  E. 制度消亡

9. 中共十八届三中全会做出全面深化改革的决定包括（ ）。

  A. 经济体制   B. 政治体制

  C. 文化体制   D. 社会体制

  E. 生态文明体制

（三）重要名词

社会制度 社会制度体系 社会整合 制度的生命周期 制度建设 制度化 制度变迁

（四）思考题

1. 试述社会制度的含义。

2. 试述社会制度的类型及体系。

3. 试述社会制度的构成要素。

4. 试述社会制度的功能。

5. 试述制度的生命周期。

6. 联系实际解释制度变迁的路径依赖现象。

四、综合练习参考答案

（一）单项选择题

1. C   2. A   3. D   4. B   5. C   6. D   7. B
8. A   9. C   10. D

（二）多项选择题

1. ABC   2. ACDE   3. ABCDE   4. ABCDE   5. ABCE   6. ABCDE   7. BCDE
8. ABCDE   9. ABCDE

（三）重要名词

1. 社会制度   （答案参见重要名词、术语1）
2. 社会制度体系   （答案参见重要名词、术语4）
3. 社会整合   （答案参见重要名词、术语7）
4. 制度的生命周期   （答案参见重要名词、术语8）
5. 制度建设   （答案参见重要名词、术语9）
6. 制度化   （答案参见重要名词、术语10）
7. 制度变迁   （答案参见重要名词、术语11）

（四）思考题

1. 试述社会制度的含义。（答案参见重要理论和难点2）
2. 试述社会制度的类型及体系。（答案参见重要理论和难点4）
3. 试述社会制度的构成要素。（答案参见重要理论和难点5）
4. 试述社会制度的功能。（答案参见重要理论和难点7）
5. 试述制度的生命周期。（答案参见重要理论和难点8）
6. 联系实际解释制度变迁的路径依赖现象。（答案参见重要理论和难点10）

第九章　社会控制

一、重要名词、术语

1. 社会控制

社会控制是运用社会力量对人们的行为进行制约和限制，使之与既定的社会规则保持一致的过程。狭义的社会控制是指对越轨行为的约束。

2. 治理

1955 年全球治理委员会对"治理"做出界定，认为治理是各种公共的或私人的个人和机构管理其共同事务的诸多方式的总和，是使相互冲突的或不同的利益得以调和并且采取联合行动的持续的过程。

3. 正式控制

正式控制是使用比较成型、比较正规的规则来约束人们行为的社会控制。

4. 内在控制

内在控制是人们的自我控制，是在社会化的基础上，人们用内化了的社会价值规范约束和指导自己的行为，以避免发生冲击社会价值规范的过程。它是最有效的社会控制之一。

5. 社会秩序

社会秩序是指社会有机体的各组成部分在结构上相对稳定和有序，在运行中相互协调与平衡的状态。社会生活处于一定程度的模式化状态，这就是社会生活的有序状态，即社会秩序。在社会发生变动的情况下，如果这种关系模式保持相对稳定，就是社会的动态有序。

6. 社会控制的方式

社会控制的方式是指社会或群体以何种方式、何种手段去预防、约束和制裁其成员可能发生或已经发生的越轨行为。

7. 习俗

习俗是人们在长期的共同生活中逐渐形成并共同遵守的风俗、习惯。它是人类在生产、生活中通过长期摸索、自然演化而成的，是一定的自然环境、社会环境和生产力发展水平的反映。

8. 道德

道德是以善恶评价为中心的行为规范的总和。它是对人的思想和行为的是非、善恶、正义和非正义、正当与不正当进行评价的标准。

9. 政权

政权是统治阶级实行阶级统治的权力，是国家一切权力的基础。政权的基本职能是对外防止别国侵略、保卫领土完整，对内维持现行政治制度和社会秩序，保证国民能正常地生活。

10. 法律

法律是由国家的立法机关制定、国家政权保证执行的行为规则，包括法令、法案、条例、决议、命令等具体形式。

11. 纪律

纪律是国家机关或社会组织为其成员规定的行为准则，是它们用来指导和约束自己的成员，促使其承担一定的责任和义务，以实现组织目标的手段。

12. 社会舆论

社会舆论是社会上众人关于某一事件或现象的议论和意见，它包含了众人对于该事件或现象的是非曲直之评价。由于社会舆论是一种公意，是大多数人的意见，因此它对少数人的言行具有一定的指导、约束及社会控制作用。

13. 越轨行为

越轨行为也称违规行为，是指违反社会行为规范的、被认为是出格的行为。

14. 社会失范

社会失范是指社会失去行为规范而出现的反常状态。关于社会失范发生原因和引起后果的理论称为社会失范论，它是由法国社会学家迪尔凯姆提出的。

15. 迪尔凯姆

法国社会学家，社会学学科奠基人之一，第一个明确提出社会学的具体研究范围和特定的研究方法并将其理论和方法付诸实践的社会学家。除此之外，他关于社会由传统的"机械团结"社会向近代的"有机团结"社会转化的观点、关于社会失范造成社会混乱导致一些人自杀的观点在社会学界都具有重要地位和影响。

16. 默顿

美国当代社会学家，结构功能主义的代表人物之一。他把社会看作由各个部分组成的结构系统，各部分之间依照某种相对稳定的形式结成一定关系，这些关系表现为功能并对社会现象有决定性影响。莫顿提倡中层理论，从而在抽象理论和经验研究之间建立起桥梁。他运用反功能和功能替代的观点对科层制进行研究，通过对社会的结构分析探究社会失范与反常行为发生的原因，这些都在社会学界具有重要影响。

17. 亚文化群体

亚文化群体是指社会中与主体文化有显著差异的群体。它是由阶级地位、种族背景、居住地区、宗教渊源之类的社会因素结合而成的具有一定功能的群体。如社会中的不良青少年团伙、城市中的进城农民群体、知识青年群体等，相对于其所处的社会、社区环境都是亚文化群体。

18. 犯罪行为

犯罪行为是指触犯了国家法律，对社会造成严重危害，应该受到法律制裁的行为。它是最严重的越轨行为。

二、重要理论和难点

1. 社会控制的含义

在现实中，社会控制是多义的。广义的社会控制是指对一切社会行为的控制，或者说社会控制适用于人们的一切活动领域。狭义的社会控制则指对越轨行为的控制，是对社会所不希望的行为的控制。从这个角度来说，社会控制有其价值取向，它对于维护正常秩序是积极的。在实际应用中，有几种与上述概念貌似相近，但意义不相同的概念和提法。比如，随着控制论的广泛传播，有人提出社会控制论的概念。实际上，社会控制论是将控制论的原理应用于社会管理，是关于社会的控制论，与我们所讲的社会控制不但在词语结构上不同，在内容上也大有差别。

另外，有人认为控制这一概念有某人被握于他人手中，玩于掌上，因而不能自主的含义，因此主张不用社会控制，而采用社会制约的概念，如我国著名社会学家吴文藻先生就持这一观点。然而由于社会学界已约定俗成，社会控制这一概念还是被广泛运用了。如果我们认识到社会控制是动用社会的力量对某种不合期望的行为进行约束，上述问题就可以解决了。

总之，我们应该把握社会控制的社会含义，它是与人的生物性控制以及基于所谓人性的先天性控制不同的概念。

2. 社会控制的类型

第一，统治与制约。统治是建立在经济剥削和政治压迫的基础上，统治阶级用强制方式约束被统治阶级的社会控制。统治具有强制性和不可协调性，是阶级对立条件下基本的社会控制。制约则是建立在平等基础上约束人们行为的社会控制。这种控制虽然也是一种外在压力，但并不是靠强力推行的。制约是人们相互之间的约束，而不是单向的管束或制裁。它与统治有本质的区别。

第二，正式控制与非正式控制。正式控制是使用比较成型、比较正规的规则来约束人们行为的社会控制。正式控制是社会控制正规化、制度化的一种表现，它是与社会和群体对其成员要求的明确化，社会成员所承担的权利、义务和责任的具体化相适应的。非正式控制是使用不完全成型的规则来约束人们行为的社会控制。非正式控制常常不是基于契约，而是基于人们的共同意识和认同感。这种社会控制在初级社会群体或非正式组织中被普遍采用。

第三，外在控制与内在控制。如果对行为者行为的控制力量来自行为者之外，即行为者感觉到外在环境对其行为产生了约束和压力，就称为外在控制。外在控制具有一定程度的强制性，它要求行为者必须接受或能够接受控制者提出的行为模式，抛弃原有的行为模式。这种社会控制在社会生活中普遍存在。如果对行为者行为的控制力量来自行为者本身，这就称为内在控制。内在控制就是人们用内化了的社会价值规范约束和指导自己的行为，以避免发生冲击社会价值的过程。这种社会控制使人们几乎感觉不到来自外部的压力，因为社会的要求与社会成员的价值是一致的。内在控制是自我控制，它既是社会化的结果，也是最有效的社会控制。自觉、慎独、克己都是内在控制的形式。

3. 社会控制的功能

社会控制的积极功能：

第一，维护社会秩序。人们在长期的共同生活中建立起了各种相互关系，以使社会群体、社会成员可以在一定的社会条件下共生。被社会成员、社会群体认可的这些相互关系按照一定的逻辑交织起来，指导和约束社会成员，使其按照社会规定的规则行事，从而使社会成员、社会群体在交往中实现可期待的结果。社会生活也就处于一定程度的模式化状态，这就是社会生活的有序状态，即社会秩序。秩序是社会存在和发展的基本前提。

第二，维持正常生活。在现实生活中，经过不断磨合所形成的社会关系模式并不完全符合所有社会成员的愿望和要求，甚至某些社会成员可能会自觉或不自觉地违反既定规则以达到自己的目的。当这些行为影响了其他社会成员所享有的、由既定的社会关系规定的利益时，就可能引发冲突。社会为了维持正常的生活秩序，就要动用社会控制手段对破坏正常的生活秩序者予以约束甚至制裁。

第三，促进社会发展。社会发展是社会各部分的协调发展，其目标是生活质量的提高。然而由于各种因素的影响，人们在追求自我发展的过程中，难免会同他人发生矛盾以致冲突，进而影响社会发展的进程和人们生活质量的提高，此时就需要依靠社会控制来保障。

社会控制的反功能：

社会控制不但有维护社会秩序、维持正常生活、促进社会发展的积极功能，而且可能会对人与社会的发展起阻碍作用，这种作用就是社会控制的反功能。它一般在下述情况下发生：① 不合理的社会控制不能维护多数人的利益；② 僵硬而有力的社会控制不利于人们对合理目标的追求。

在发挥社会控制的积极功能的同时，要注意防止它的反功能，要防止过于严厉的社会控制激化矛盾。为此，设置缓解压力的社会安全阀是必要的。

4. 道德及其社会控制作用

道德是对人的思想和行为的是非、善恶、正义和非正义、正当与不正当进行评价的标准。道德与习俗相比，具有更强的约束力和控制力。

道德是靠人们的内心信念、社会舆论来促使人们自觉遵守社会行为规范。正因如此，道德对人们的行为具有明显的指导意义，同时也对违反道德的行为具有控制作用。虽然道德不像法律那样靠强制力来推行，也不像法律那样普遍适用于所有居民，但它对人们的行为具有更广泛、更普遍的约束力。法律管不到的地方，道德可以管。因此历代统治者都高度重视道德对于人们行为的控制作用。

应该指出，道德的约束作用也是有限的，因为道德具有阶级性、集团性。

5. 宗教及其社会控制作用

宗教是一种和神或神圣物相联系的信仰和规范体系，它是在生产力和科学水平极低的条件下产生的。由于人们对某些自然现象、社会现象感到神秘而又无法摆脱，于是，把本来属于现实世界的力量歪曲为超现实、超自然的力量，并加以人格化，对之顶礼膜拜，这样就产生了以崇拜主宰万物的神为特征的宗教。

宗教通过教育和制裁两种手段来约束和控制教徒的活动，其教育手段不仅包括对教义的学习和领悟，也包括参加宗教活动进行熏陶。宗教组织还通过制裁违反教规的活动对教徒进行强制性约束。因此，宗教既靠内在控制约束教徒的活动，也靠外在力量（包括舆论压力和制裁）控制教徒的行为。在不同的条件下，宗教对教徒的控制程度也不同。

我国是一个有多种宗教的国家。佛教、伊斯兰教、基督教、道教及其他宗教在我国人民的社会生活中发挥着作用。历代统治者也曾利用宗教统治人民，加强社会管理。中华人民共和国成立后，我国实行尊重和保护宗教信仰自由的政策。改革开放以来，宗教在我国得到恢复和发展。在我国某些少数民族地区，宗教已成为人们社会生活的重要组成部分，为维护少数民族地区的社会秩序的稳定发挥了一定作用。

6. 法律及其社会控制作用

法律是由国家立法机关制定、国家政权保证执行的行为规则，包括法令、法案、条例、决议、命令等具体形式。它以国家规定的形式告诉人们可以做什么、不能做什么，并依靠国家政权控制力量来推行，是最权威、最严厉、最有效的社会控制手段。

特征：

（1）阶级性。从本质上说，法律总是掌握国家政权的统治阶级用来维护自身的利益、维护社会秩序的工具。

（2）强制性。任何国家制定的法律，都要求其公民必须遵从，而不管公民愿意与否。法律的强制性是以庞大的国家机器作为后盾。

（3）公正性。任何法律都要求以同一尺度来衡量社会上所有的人，即使是统治阶级的某些成员触犯了法律规范，也应该依法惩处。这是巩固社会根本制度的需要，是维护统治阶级根本利益的需要。

社会控制作用：

法律作为社会控制的手段，其权威性和有效性在于：① 法律由国家立法机关制定，以国家政权作后盾，由完备的、强有力的司法机构保证实施。这就保证了法律的至上性、不可侵犯性。② 法律具有明显的严肃性。法律的特点是其规定严明而缺乏弹性，法律对违法行为的度量界限明显、准确，任何人一旦违法，必遭惩罚。③ 法律具有普遍适用性。国家的法律一经制定实行，就对其国民普遍适用。

教育作用。法律的作用首先在于教育人们。为此，就要向人们公布，并通过各种宣传工具力求家喻户晓。

从人类社会发展的过程来看，法律在社会生活中的作用在加强。

7. 社会舆论及其社会控制作用

社会舆论是社会上众人关于某一事件或现象的议论和意见，它包含了众人对于该事件或现象的是非曲直之评价。社会舆论有自上而下、自下而上两种形成方式。

社会舆论的基本特点：① 现实性强。社会舆论是人们针对现实问题而发的。一般来说，社会事件与人们的利益关系越直接，就越容易引起人们的议论。因此，人们称社会舆论为时势的"晴雨表"。② 集体的产物。个体或少数人的意见不能称为社会舆论，只有当相当数量的人参与了这一问题的议论，并形成一种或几种意见时，才会形成社会舆论。③ 大众传播。社会舆论是靠大众传播形成和扩散的。

社会控制作用：

由于社会舆论是一种公意，是大多数人的意见，因此它对少数人的言行具有一定的指导、约束及社会控制作用。其内在机制是：社会舆论作为一种评价性意见，会对少数人的、与众人意见不同的言行产生环境压力。少数人为了缓解这种压力，会改变或放弃自己原来的言行，而与众人意见保持一定程度的一致，于是社会控制作用发生。也有人害怕遭受舆论的非议，打消了想做某件事的念头，而把自己的言行限定在舆论允许的范围内。社会舆论还具有强化、鼓励某种现象或某种行为的作用。人们往往在舆论的推动和引导下强化自身符合社会规范的行为。社会舆论对人们的行为具有一定的引导、制约作用。党和政府要充分利用各种宣传媒体大造正确舆论来引导人们的行为，以实现良性社会控制。

需要注意的问题：

第一，社会舆论具有真实和虚假、积极和消极之分。真实、积极的社会舆论会对人们的言行产生良好的控制作用，而虚假、消极的社会舆论会对社会发展产生负作用。

第二，必须认识到社会舆论的控制作用的有限性。对于那些不顾舆论压力的消极越轨行为，应运用其他手段予以制裁。

8. 习俗与道德、道德与法律的区别

习俗、道德、法律都是社会控制的工具，都是用来调整人们行为关系的，但它们各自所起的作用有很大区别。

习俗与道德相比，区别有两点：① 二者的约束力不同。道德的内容较为严肃，具有较大的约束力，而习俗的约束力就相对差些。不从俗是常有的事，不太引人关注，而不道德的行为则要受到社会舆论的强烈谴责。② 二者的义务感不同。大家按习俗办事，不管是谁都要顺从习俗，所谓"入乡随俗"就是这个意思。而道德则不然，它不但有种顺从的心理，而且还有一种发自内心的义务感。

道德与法律相比，也有很大区别。道德与法律在产生的时间、形成的方式上都有不同。道德产生的时间早于法律，并且贯穿人类社会的始终，是自发形成的，而法律在人类社会不是永恒的。具体来说，道德与法律的区别在于：① 二者作用的范围不同。道德比法律作用的范围要广泛得多，不道德的行为不一定是违法行为，而法律只干涉破坏它所维护的社会秩序、触犯法律的那些行为，违法行为一定是违反道德的行为。②二者被支持的力量不同。法律是靠强制力量支持的，而道德是靠社会舆论支持的。③二者作用的性质和控制的强度不同。法律的作用主要表现为对人们一定行为的限制和禁止，违法者就要受到处罚，甚至被剥夺生命；而道德则表现为对人们行为的示范和劝阻，违反道德的人仅受到社会舆论的攻击。

9. 越轨行为

越轨行为也称违规行为，是指违反社会行为规范的、被认为是出格的行为。在一定的社会条件下，社会行为规范常常是确定的，它指导着人们的行为，使其规范化，从而保障人们正常交往、协调生活。在这种情况下，任何偏离既定规则的越轨行为都会在一定程度上带来社会交往、社会秩序的紊乱，因为它打破了既有的协调局面。特别是严重冲击正常社会秩序的负向越轨，其消极作用是明显可见的。

然而，越轨行为也可能具有正功能，即发挥积极作用。比如，当已有的社会行为规范变得陈旧、不符合社会及其成员进步的要求时，冲破旧规范、建立新规范就是积极的举动，正向越轨即属于此类。另外，有人指出，越轨行为和对越轨的调治可以增强社会免疫力。实际上，在评价越轨行为时，首先要判断它所违反的社会行为规范的性质。

越轨行为的判定与文化类型有关。由于文化类型不同，它对人们行为的是非判断标准也不同，在一种文化中被认为是越轨的行为，在另一种文化中则可能被认为是正常行为。

同一社会中对不同群体的不同规定也对判定越轨行为具有影响。在一个群体被认为是越轨之举，在另一个群体则可能被容许。

同一行为主体的同一行为在不同情境下可能有不同评价。

由此看来，判定越轨行为的标准是适用于行为者的群体或社会的规范，这里要考虑许多具体因素。这样，判定标准就是在具体时间、具体地点、具体情境下行为者应当遵守的社会行为规范。

10. 社会失范论

社会失范是指社会失去行为规范而出现的反常状态。它是由法国社会学家迪尔凯姆提出的。迪尔凯姆认为，社会的正常状态是社会各部分相互协调处于整合状态。在这种情况下，人们在社会行为规范的指导和约束下互相适应，正常生活。然而在社会迅速变动的时代，当文化价值、社会结构以不同的速率转变时，原来的某些指导和约束人们行动的社会行为规范就会失效。在这种情况下，人们就会手足无措，处于无所遵从的迷茫状态，从而做出各种越轨行为。

11. "手段－目标"论

美国社会学家默顿在迪尔凯姆提出的社会失范论的基础上，提出了"手段－目标"论。默顿认为，越轨行为是由于社会为人们提出的目标（文化目标）与达成目标的合法手段（制度化手段）不配套、不统一而造成的。默顿认为，社会作为一个文化体系为每个成员都规定了目标，但是社会在结构的安排上并没有为每个成员提供达到上述目标的合法手段，即社会结构的特征并不一定能为每个成员提供条件以达到目标。按照社会的价值标准，创新、形式主义、逃避、反叛等都与社会的要求发生了一定的偏离，属于越轨行为。默顿的上述观点被称为"手段－目标"论。

12. 标签论

标签论也称标定论，是解释越轨行为发生原因及其发展过程的理论。这一理论认为，越轨不在于行为本身，而是社会反应、他人定义的结果。正是他人给某一行为下定义、贴标签才使这一行为成为越轨行为，并引发进一步的越轨行为。在标签论看来，第一次的越轨行为是由于他人加标签造成的，后来的越轨行为则是妄加标签的后果，是社会造成了越轨行为。标签论指出，通常是社会上有地位的人或阶层给下层人加标签，而有地位的人或阶层的此类行为或更严重的行为常被视为正常行为。因此，加标签常带有不平等的性质。

13. 犯罪行为发生的主要原因

第一，个体因素。人们在同样的社会条件下生活，但有人犯罪，有人不犯罪，应该说犯罪与个体因素有关。这里的个体因素既包括生理因素、心理因素，也包括社会化程度。

第二，具体的生活环境的影响。个人的社会化与其具体的生活环境有关，这种具体的生活环境主要包括家庭、同龄群。

第三，价值多样化与法律约束无力。改革开放以来，社会的价值观念多样化。在制度、法律不健全的情况下，有些人以各种手段（包括不法手段）追逐经济利益。甚至在有法可依的情况下，某些人由于不懂法律或执法不严而造成犯罪。

应该承认，犯罪行为的发生不是某一因素单独造成的，它是多种因素共同作用的结果。

14. 犯罪的预防与治理

预防犯罪就是防患于未然。要有效地预防犯罪的发生应该从个人、群体、社会几个方面共同努力，但措施无非有二：一是教育，即用社会价值、社会规范教育人们，使人们自觉地遵守法律和社会规范，从内部控制和约束自己；二是建立、健全法律体系，以其严肃性昭示社会，即利用法律的威慑力使欲犯罪者望而却步。

犯罪的治理，首先要依靠法律的力量，对犯罪者进行必要的惩罚。同时，要根据犯罪的性质和危害程度采取多种措施，如对犯罪者进行教化和感化等。我国对犯罪制定了综合治理的方针，即动员各方面的力量，相互配合，预防犯罪的发生，控制和消除犯罪后果，改造罪犯。在这方面，包括思想教育在内的社会价值规范体系的建立具有重要意义，由家庭、团体、机关、单位和社区组成的体系是治理犯罪的社会组织依托。

15. 社会治理

社会治理实际上是社会管理的深化，表现在以下几个方面：① 从性质上看，它们都是对社会的管理，但是社会管理常常陷于管制或统治，而社会治理着眼于现代国家的能力建设；② 在目标上，社会治理强调标本兼治，强调综合治理、依法治理、系统治理和源头治理，它与传统的、自上而下的强力维稳式管理不同；③ 从治理关系上看，社会管理强调自上而下的管控，社会治理则强调多方参与；④ 创新的社会管理被看作一种管理格局，而社会治理是推进国家治理体系和治理能力现代化的组成部分，更加强调现代国家的制度建设。

社会治理方式：

社会治理方式有很多，从治理方式的角度看，大致可以分为四类：管控型治理、博弈式治理、协商式治理和服务型治理。

管控型治理主要是通过强力、强制、管理控制等解决问题，管控型治理主要用于处理社会问题比较尖锐、对社会秩序的危害性比较大的事件，基本上是公安、司法部门所采取的社会治理方式。

博弈式治理是利益相关方在平等的基础上，就利益分配进行博弈，通过协商、对话解决问题。经济领域的许多问题常常通过博弈来解决。

协商式治理是主要通过协商解决问题，一般的民间纠纷、社区公共事务中的问题常通过协商来解决。

服务型治理是通过实施服务来解决问题。当部分社会成员在生活上遇到严重困难，并有可能影响社会秩序时，政府和社会力量可以通过向其提供服务来解决问题，促进社会和谐。

社会治理创新：

在社会管理和社会治理方式上进行创新，是党和政府必须认真考虑与对待的问题，将不断改善民生和维持社会稳定这两件最重要的事情做好，是建设社会主义现代化国家的基本要求。中共十八届三中全会提出创新社会治理体制，指出要改进社会治理方式，实行系统治理、依法治理、综合治理和源头治理，同时要激发社会组织活力，支持社会组织积极提供服务，通过服务和协商等方式参与解决社会问题。社会治理被作为推进国家治理体系和治理能力现代化的重要组成部分。《中共中央关于制定国民经济和社会发展第十三个五年规划的建议》又提出推进社会治理精细化，构建全民共建共享的社会治理格局；中共十九届四中全会进一步提出坚持和完善共建共治共享的社会治理制度，建设社会治理共同体。社会治理正在成为我国解决社会问题、促进公民参与、发挥社会活力、构建新型社会秩序的重要理念和行动。

三、综合练习

（一）单项选择题

1. 提出社会控制这一专业概念的社会学家是（　　　）。

　A. 罗斯　　　　　　　　　　　　　B. 默顿

　C. 迪尔凯姆　　　　　　　　　　　D. 韦伯

2. 与天生的自我约束不同的另一种对人的行为进行约束的过程是（　　　）。

　A. 社会管理　　　　　　　　　　　B. 社会治理

C. 社会控制   D. 社会规范

3. 全球治理委员会对"治理"一词的含义做出明确界定的时间是（　　　）。

    A. 1994 年   B. 1995 年

    C. 1996 年   D. 1997 年

4. 使用比较成型、比较正规的规则来约束人们行为的社会控制是（　　　）。

    A. 内部控制   B. 非正式控制

    C. 外在控制   D. 正式控制

5. 社会存在和发展的基本前提是（　　　）。

    A. 传统文化   B. 风俗习惯

    C. 宗教信仰   D. 秩序

6. 靠内心信念、社会舆论来促使人们自觉遵守社会行为规范的控制方式是（　　　）。

    A. 风俗习惯   B. 道德

    C. 宗教信仰   D. 社会舆论

7. 国家机关或社会组织为其成员规定的行为准则，是它们用来指导和约束自己的成员，促使其承担一定的责任和义务，以实现组织目标的手段的控制方式是（　　　）。

    A. 政权   B. 法律

    C. 纪律   D. 制度

8. 提出社会失范论的社会学家是（　　　）。

    A. 罗斯   B. 默顿

    C. 迪尔凯姆   D. 韦伯

9. "手段－目标"论认为，在人们的行为方式中，"只认同文化目标，但不遵从制度化手段"，此为（　　　）。

    A. 逃避行为   B. 形式主义

    C. 创新   D. 反叛

10. "手段－目标"论认为，在人们的行为方式中，"放弃文化目标，但遵从制度化手段"，此为（　　　）。

    A. 逃避行为   B. 形式主义

    C. 遵从   D. 反叛

11. 把越轨行为的原因归结为社会结构各部分间的不整合、不一致，是哪种解释越轨行为发生的理论？（　　　）

    A. 社会失范论   B. 标签论

    C. 亚文化群体论   D. 弗洛伊德的人格理论

12. 提出创新社会治理体制的会议是（　　　）。

    A. 中共十八届三中全会   B. 中共十八届四中全会

    C. 中共十八届五中全会   D. 中共十八届六中全会

（二）多项选择题

1. 社会控制的类型包括（   ）。
    A. 统治　　　　　　　　　　　B. 制约
    C. 正式控制与非正式控制　　　　D. 外在控制
    E. 内在控制

2. 社会控制的功能包括（   ）。
    A. 维持社会秩序
    B. 维持正常生活
    C. 不合理的社会控制不能维护多数人的利益
    D. 促进社会发展
    E. 不利于人们对合理目标的追求

3. 社会控制的主要方式包括（   ）。
    A. 习俗　　　　　　　　　　　B. 道德
    C. 宗教　　　　　　　　　　　D. 政权、法律、纪律
    E. 习惯

4. 世界三大宗教是（   ）。
    A. 道教　　　　　　　　　　　B. 佛教
    C. 基督教　　　　　　　　　　D. 伊斯兰教
    E. 东正教

5. 法律作为社会控制手段，其权威性和有效性在于（   ）。
    A. 由国家立法机关制定　　　　B. 严肃性
    C. 普遍适用性　　　　　　　　D. 可谈判性
    E. 教育性

6. 社会舆论的特点包括（   ）。
    A. 现实性强　　　　　　　　　B. 强制性
    C. 集体的产物　　　　　　　　D. 超前性
    E. 大众传播

7. 越轨行为的类型包括（   ）。
    A. 正向越轨行为　　　　　　　B. 负向越轨行为
    C. 个人越轨行为　　　　　　　D. 群体越轨行为
    E. 违法行为和犯罪行为

8. 从社会学的角度解释越轨行为为什么发生的理论包括（   ）。
    A. 生物学解释　　　　　　　　B. 心理学解释
    C. 社会失范论　　　　　　　　D. 亚文化群体论

E. 标签论

9. 现阶段我国的犯罪呈现出的特点是（　　）。

　　A. 国际犯罪凸显　　　　　　　　B. 青少年犯罪比重大

　　C. 重大刑事案件增多　　　　　　D. 经济犯罪成为主体

　　E. 被治理的犯罪现象重新燃起

10. 从治理方式的角度看，社会治理大致可以分为（　　）。

　　A. 管控型治理　　　　　　　　　B. 博弈式治理

　　C. 竞争型治理　　　　　　　　　D. 协商式治理

　　E. 服务型治理

（三）重要名词

社会控制　社会秩序　社会控制方式　习俗　道德　法律　纪律　社会舆论
越轨行为　犯罪行为

（四）思考题

1. 什么是社会控制？它有哪些类型？

2. 试述社会控制的功能。

3. 举例说明道德的社会控制作用。

4. 举例说明社会舆论的社会控制作用。

5. 什么是越轨行为？

6. 试述社会失范论的主要内容，并用该理论解释社会现象。

7. 试述社会治理在维护社会秩序中的作用。

四、综合练习参考答案

（一）单项选择题

1. A　　2. C　　3. B　　4. D　　5. D　　6. B　　7. C

8. C　　9. C　　10. B　　11. A　　12. A

（二）多项选择题

1. ABCDE　2. ABCDE　3. ABCD　4. BCD　5. ABC　6. ACE　7. ABCDE

8. CDE　9. BCDE　10. ABDE

（三）重要名词

1. 社会控制　　　　　（答案参见重要名词、术语 1）
2. 社会秩序　　　　　（答案参见重要名词、术语 5）
3. 社会控制方式　　　（答案参见重要名词、术语 6）
4. 习俗　　　　　　　（答案参见重要名词、术语 7）
5. 道德　　　　　　　（答案参见重要名词、术语 8）
6. 法律　　　　　　　（答案参见重要名词、术语 10）
7. 纪律　　　　　　　（答案参见重要名词、术语 11）
8. 社会舆论　　　　　（答案参见重要名词、术语 12）
9. 越轨行为　　　　　（答案参见重要名词、术语 13）
10. 犯罪行为　　　　　（答案参见重要名词、术语 18）

（四）思考题

1. 什么是社会控制？它有哪些类型？（答案参见重要理论和难点 1、2）
2. 试述社会控制的功能。（答案参见重要理论和难点 3）
3. 举例说明道德的社会控制作用。（答案参见重要理论和难点 4）
4. 举例说明社会舆论的社会控制作用。（答案参见重要理论和难点 7）
5. 什么是越轨行为？（答案参见重要理论和难点 9）
6. 试述社会失范论的主要内容，并用该理论解释社会现象。（答案参见重要理论和难点 10）
7. 试述社会治理在维护社会秩序中的作用。（答案参见重要理论和难点 15）

第十章　社会问题

一、重要名词、术语

1. 社会问题

社会问题是指人文环境失调，影响了广大社会成员的正常生活和社会进步，需要运用社会力量加以解决的问题。

2. 环境问题

环境问题是由于人类与其生存环境关系失调而造成的社会问题。环境问题包括原生环境问题和次生环境问题。原生环境问题，即自然界本身存在的因素对人类生存和生产带来不利影响甚至威胁；次生环境问题，即被人类改变了的自然环境反过来对人类造成严重威胁。如今，环境问题正成为世界性问题。

3. 社会失调

社会失调是指构成社会的各基本要素、各组成部分之间的关系失去平衡，社会无法发挥其正常功能的状态。社会失调主要包括社会关系失调和社会结构失调。

4. 社会资源

社会资源是对社会的正常运行和发展有积极作用的各种要素及力量。它既包括社会中的人力资源、物力资源，也包括社会力量以及可以用来推动社会发展的各种要素。

5. 人口问题

人口问题是指人口在数量或质量上不符合社会发展的客观要求，从而影响自身生存和发展的现象。人既是社会财富的创造者，也是社会资源的消费者。

6. 人口自然增长率

人口自然增长率是在给定时期内（通常是 1 年）某一人口的出生数与死亡数之差同人口基数的比值，一般用百分数来表示。人口自然增长率大于零，表明出生数大于死亡数，人口增加。人口自然增长率越高，人口数量增加越多。

7.《新人口论》

《新人口论》是我国著名经济学家、人口学家马寅初关于我国人口问题的论著，发表于1957 年。该书的主要观点是：我国人口增长太快，如果这样发展下去，人口会冲破经济，冲破一切，因此必须控制人口。其对策是制定人口政策，宣传晚婚的意义，推广和奖励节育，限制多育等。《新人口论》中的观点曾遭到错误批判。

8.人口老龄化

老龄化是指一个社会的人口结构中老年人口的比重逐渐提高的现象。人口老龄化与老年型人口是两个既有联系又有区别的概念。当一个国家或地区老年人口的比重达到或超过某一界限（国际上通行的标准，60岁以上老年人口占总人口的10%，或65岁以上老年人口占总人口的7%）时，就意味着这个国家或地区进入老龄社会。

9.就业

就业是指在劳动年龄内有劳动能力的人从事某种劳动或工作，取得劳动报酬或经营收入，以维持生活的活动。就业包括以下内容：① 它是指劳动年龄内有劳动能力的人的活动，未进入劳动年龄的儿童、丧失劳动能力的老人、残疾人不在讨论之列；② 劳动年龄内有劳动能力的人从事一定的职业，从事劳动或工作并取得相应报酬；③ 就业是通过劳动取得收入，维持劳动年龄内有劳动能力的人本人及其家庭成员生活的活动。

10.就业问题

劳动就业问题简称就业问题，是指在劳动年龄内有劳动能力的人未能从事劳动或有效劳动而产生的不利于个人生存和社会发展的状况。

11.失业

失业是指一部分劳动年龄内有劳动能力的人找不到劳动或工作岗位，无法实现与生产资料的结合，劳动力资源闲置。失业有显性失业与隐性失业之分。显性失业是指原来有职业的劳动年龄内有劳动能力的人因种种原因而失去职业和劳动岗位，处于待雇状态；隐性失业是指劳动年龄内有劳动能力的人虽然在职，但不能充分地发挥其劳动能力，或人浮于事，或无事可干，这实际上也是失业。

12.失业率

失业率是显示显性失业程度的一个指标，指失业人口在劳动总人口中所占的比重。

13.待业

待业是我国用来表述在劳动年龄内有劳动能力的人等待就业所处的状态。待业和失业没有本质区别，但我国在具体工作实践中，由于常常把新增劳动力的就业问题作为待业来讨论，所以待业又与西方社会所存在的失业有所不同。

14.贫穷

从经济学意义上讲，贫穷是由于收入不足而导致生活匮乏的状态。

15.贫穷的恶性循环理论

经济学家认为发展中国家长期陷入贫穷是一连串的恶性循环造成的。从供给方面看，发展中国家普遍人均收入低，绝大部分收入用于生活消费指出，这使得他们很少储蓄，从而造成社会资本不足，生产规模难以扩大，生产效率难以提高，使经济增长只能维持在一个很低的水平。从需求方面看也是如此，低收入使得人们缺少购买力，消费不足影响资本形成，进而造成生产率低、收入低。这样两个循环相互联结、相互影响，形成了发展中国家长期难以突破的贫穷陷阱。

16.贫穷文化论

有人认为，穷人之所以长期和世代陷入贫穷，是因为他们所特有的文化，即贫穷文化。这种理论认为，当一群人世代受到经济剥夺时，由于对这种剥夺的无能为力，他们会产生适应这种被剥夺状况的文化，能够应对所处的恶劣环境。

17.社会环境剥夺论

几种对不同贫穷产生和持续的解释构成社会环境剥夺论。该理论认为，在一定的社会生存环境下，当某一国家或群体处于劣势而陷入贫穷之后，竞争会使它处于更不利的地位，周围环境对它的剥夺会使它继续陷入贫穷。

二、重要理论和难点

1.社会问题

社会问题是指人文环境失调，影响了广大社会成员的正常生活和社会进步，需要运用社会力量加以解决的问题。这一关于社会问题的解释中包含许多模糊的界定。比如，怎样算是广大社会成员？什么是正常生活？这都是难以界定的问题。当然，一个国家、一个城市中的大多数成员可以算作广大社会成员，但是工厂、机关中的大多数人则不能算作广大社会成员。对于一个组织、一个家庭及一个小社区来说，它们的问题也难以称得上是社会问题。只有当某一问题的影响超过众多社会组织和小社区的界限，并被广大社会成员所关注时才成为社会问题。这里实际上说的是社会问题的影响范围或广度。

另外，只有当某一问题影响了广大社会成员的正常生活时才成为社会问题。什么是正常的社会生活？我们只能给出一个模糊的界定，因为正常与不正常之间并没有一个明确的界限。首先，可以给出一种判断：正常状态是人们所希望或可以接受、社会各构成要素和部分比较协调的状态，不正常就是其反面。可以说，除了一些突发事件的影响，社会问题的形成都要经历一个为时不短的过程，这是社会状态由正常向不正常变化的过程，也是人们对正在形成中的社会问题认识的过程。由此可以进一步认识到，社会问题既决取于社会状况的恶化程度，也与人们对它的感知有关。

2.社会问题产生的一般原因

第一，人类与环境关系失调。人类同环境的关系十分密切。人类不但从自然环境中直接获取食物、获取资源，以生产自己所需要的物品，而且地球表层和大气层成为人类日常生活的依存环境。人类与环境关系失调表现在两个方面：一是原生环境问题，即自然界本身存在的因素对人类生存和生产带来不利影响甚至威胁；二是次生环境问题，即被人类改变了的自然环境反过来对人类造成严重威胁。另外，人类与环境关系失调还表现为人类对环境的压力过大，环境资源难以承载这种压力。

第二，社会关系失调。在社会关系体系中，人们互相依赖、协调共生，使社会得以正常运行。然而，实际上，人们之间的关系并不总是那么协调，这种不协调状态的恶化必然导致社会问题的产生。大致来说，社会关系失调表现为群体利益的冲突以致对立、群体间价值观念的冲突、社会结构失调、社会解组等。

3. 社会问题与社会发展的关系

第一，社会问题阻碍社会发展。社会问题是由人文环境失调造成的。这种现象对人们的正常生活、社会的持续稳定发展和社会进步带来不利影响。① 社会问题提高了社会运行的成本，造成了社会资源的浪费。社会问题、社会各种力量之间的相互冲突减弱或抵消了推动社会发展的合力，也造成了社会资源的浪费。② 社会问题直接给社会成员的正常生活带来威胁，甚至造成痛苦。社会问题直接冲击了正常的社会秩序，轻者给社会成员的生活带来不便，重者使社会成员的正常生活难以维持，给其带来痛苦。③ 社会问题为社会的进一步发展设置了障碍。社会问题的出现是一定范围内社会状况恶化的反映。这种状况不但不能直接推动社会的进一步发展，而且会消耗一定的社会资源。这样，社会问题实际上为社会的进一步发展设置了种种障碍，是影响社会进步的不利条件。

第二，社会通过解决问题不断发展。社会问题在人类社会的发展过程中也有其积极作用。① 社会问题的出现有利于人们形成对社会发展规律的认识。社会问题的出现，为人们正确认识社会发展过程提供了一服清醒剂，也为人们正确认识社会发展规律提供了条件。② 社会问题的解决为进一步推动社会发展积累经验。任何一个社会都不可能完全避免社会问题的发生。社会问题发生后，人们通过解决社会问题，可以对社会问题产生的原因及其内在机制有更加明确的认识，从而为预防和解决社会问题积累经验。从这一角度来看，解决社会问题对推动社会发展的意义是重大的。

4. 人口问题

人口问题的实质：

人口问题的实质是人口再生产与物质资料再生产不相适应，通俗说法是"人口"与"人手"的关系问题。"人手"反映了人的创造性劳动的一面，"人口"则反映了人作为消费者的一面。

我国人口问题的一般现状：

第一，人口数量庞大。据国家统计局统计，2019年底，我国大陆总人口超过14亿。城镇人口比重达60.60%，流动人口规模巨大。这表明我国的劳动力供应仍然比较充分，但老龄化程度在加深。我国人口基数大，人口密度由东向西逐渐降低，分布很不平衡。

第二，人口老龄化。2019年，我国60岁及以上人口占总人口的18.1%，按照国际通行标准（10%）我国已进入老龄社会。老龄化对经济社会发展会带来不利影响：① 直接影响劳动力的投入。劳动年龄人口总量减少。② 可能会降低国内生产总值的增长速度。③ 社会的赡养比在提高，养老压力增大。④ 提供社会服务的人数不断减少，老年人晚年的生活照料面临困境。

第三，人口结构存在问题和忧患。计划生育政策的实施有效地抑制了人口的过快增长，但人口红利逐渐减少、劳动力数量减少会影响我国的经济发展能力和国际竞争力；同时，长期以来存在的一些年龄组性别比例失衡问题的积累，可能会影响社会的正常秩序。

第四，巨大的流动人口影响人们的正常生活和社会秩序。近20年来，我国每年都有大量农村人口进城务工经商，流动人口达2亿多人，他们的家庭生活处于不稳定状态，并产生了复杂影响。另外，大量流动人口使社会管理变得困难。

5. 我国人口问题的影响因素及解决途径

我国人口问题的影响因素：

第一，政策原因。人口迅速增长与我国实行的政策有直接关系。在"人多热情高、干劲大"口号的鼓舞下，我国人口增长严重失控。

第二，人口惯性。人口惯性是指以往的人口规模和结构对后来人口过程的影响。一般来说，在正常情况下，一个庞大的年轻型人口会带来人口的持续增长，一个老年型人口将导致人口规模缩小。

第三，文化及社会因素。一方面，传统中国是农业社会，崇尚大家庭制度和多子多福。另一方面，生活条件包括医疗卫生条件大大改善，使死亡率大大降低。此外，实行家庭联产承包责任制以来，某些农村基层组织涣散，一些中西部地区农村的学龄儿童辍学现象不断发生，新的半文盲正在出现。

我国人口问题的解决途径：

第一，大力发展经济。人口问题与经济落后是并发症，经济落后加剧人口问题的严重程度。发展经济至少从以下几个方面对缓解人口压力做出贡献：① 发展经济，可以增加社会财富，直接提高人们的物质生活水平，缓解人口再生产与物质资料再生产之间的矛盾；② 发展经济，可以增加社会财富，兴办各种社会文化事业，从而提高人口素质，以及人们的物质生活水平和生活质量；③ 发展经济，可以创造更多的劳动岗位，提供更多的劳动机会，直接缓解人口压力。

第二，发展公共服务业和养老服务业。公共服务业的发展将会减少老年人对子女的依赖，增加对老年人提供的福利服务，提高他们的生活福祉。大力发展养老服务业，既可以提供就业机会，又可以改善老年服务，进而促进经济和民生的共同发展。同时，要建立家庭养老、社区养老、机构养老"三位一体"的养老模式。

6. 就业的意义

第一，就业是人们谋生的手段，不就业就难以取得社会所承认的、较为稳定的收入，生活就会发生困难，轻者会影响其劳动能力的再生产，重者会影响其正常生活。

第二，就业是对劳动年龄内有劳动能力的人自身社会地位的肯定。就业对人们的社会地位或社会位置做了基本的确定，人们也就获得了社会的认可。借助社会地位或社会位置，人们可以更广泛地参与社会生活，充实和发展自己。因此，就业是人们生存和发展的条件。

7.失业的成因与影响

失业的成因：

第一，社会因素的影响。社会制度、社会结构的变动会造成失业。通常把一定失业人口的存在当作提高劳动效率的手段。一些经济学家认为保持 5% 的劳动力失业是正常的。同时，人们的价值观、择业观会发生变化，一些有劳动能力的人待价而沽，造成暂时性失业。

第二，经济因素的影响。由于经济不景气或经济落后，劳动岗位不足，难以容纳所有具备劳动能力的人就业。同时，人们对经济规律认识不足，不能在宏观上调节劳动力与生产资料之间的关系，也会造成失业。

第三，人口的过度发展、新的劳动力的大量出现、就业岗位跟不上劳动力增长的速度是失业产生的直接原因。

第四，技术进步与技术调整。一是新的技术取代旧的生产工艺，从而使原工作岗位上的劳动者难以适应新的生产要求，不能实现劳动者与生产资料的结合，造成失业；二是科学技术的运用提高了劳动生产率，从而减少了对劳动力的需求，一部分富余人员被析出；三是新技术的运用开辟了新的生产领域，取代了原有的过时的行业，这种产业结构的转变和调整也会使原有行业的劳动者处于某种程度的失业状态。

第五，季节变动。某些行业的生产受自然条件的影响甚大，当自然条件恶劣时，这些行业的生产只能陷于停顿，造成季节性失业。

失业的影响：

第一，失业实际上是劳动力资源的闲置，而劳动力资源的可再生性决定了这种闲置实际上是一种资源浪费。

第二，失业剥夺了一些人的就业机会，把他们抛向不甘情愿的无所事事的状态。经济上的损失和对社会正常生活的游离会使失业者产生不满心理，这种力量积聚起来足以冲击社会正常秩序。

第三，失业的直接受害者是失业者本身。失业使失业者丧失正常的劳动收入，从而给他本人及其家庭的正常生活带来威胁。

8.我国的就业问题及解决途径

我国的就业问题：

第一，失业问题。人口多、劳动力素质不高、竞争力弱会导致比较严重的失业问题；经济速度的调整、结构的优化、技术进步等会带来结构性失业问题；同时由于产生成本等原因，外资企业外移导致就业机会减少。另外，一些国家对经济全球化的抵制和实行民粹主义，也会压缩我国的劳动力就业机会。

第二，就业压力巨大。近年来，我国城镇平均每年新增劳动力，另外有大量的农村剩余劳动力寻求就业机会，但新增就业岗位不能满足上述要求，就业存在巨大压力。

第三，劳动力供给能力弱化。由于大量新生劳动力是农村剩余劳动力，他们受教育程度不高、技术培训不足，难以适应新产业的要求。新一代劳动者在就业态度、劳动报酬要求方面都不同于以前的劳动者，这使得劳动力供给出现问题。

第四，劳动关系方面的问题。如某些劳动者的合法权益得不到保护。

就业问题的解决途径：

第一，发展经济，创造更多的就业岗位。发展经济是解决就业问题的根本途径。

第二，加强人力资源能力建设。加强对劳动力的培训，提高其技术水平和再就业的转换能力。培养大量高级技术人才包括技术工人是促进经济发展和就业的重要一环。

第三，发展服务业，开发新业态，开辟新的就业领域。服务业既是当代经济结构的重要组成部分，也是劳动密集型产业，发展社区服务业、养老服务业等，既可以满足城乡居民的生活需要，也可以为劳动者提供较多的就业机会。

第四，振兴乡村，吸收农村劳动力。我国新生劳动力的大部分来自农村，在新的历史条件下，必须开发内需，振兴乡村，发展农村经济，吸收农村劳动力。

第五，加强劳动法规和制度建设。要加强劳动保障的制度建设，强化企业的社会责任，维护劳动者的合法权益。

9. 关于就业和失业的界限

从形式上看，任何在职、在岗都算就业。这里的在职、在岗并不管此人是否真正完成岗位所要求的任务，也未考虑他是否贡献了自己的体力和智力。而失业则是指在劳动年龄内有劳动能力的人能工作但无业可就、无岗可占的情况。这样，从形式上看，就业和失业的界限是十分明确的，甚至非此即彼，即一个在劳动年龄内有劳动能力的人不是就业，就是失业。

为了分析我国的就业问题，解决我国就业方面存在的问题，我们使用了隐性失业的概念，这是就就业的实质意义而言的。所谓隐性失业，是指表面上看起来是在业，但实际上不能实现劳动力与劳动资料的结合，虽然在职，但不能充分发挥劳动能力，从而貌似就业，实际闲置的状况。这样，在充分就业和失业之间就有一个不充分就业的问题。这种被虚假就业现象所掩盖的失业称为隐性失业或不充分就业。因此，我们说就业和失业之间有一个过渡状态。

很明显，从形式上、外部表现上区分就业和失业是比较容易的，如看一个人是否在岗、在册。但从实质上来区分就业和失业就比较困难。当然，显性失业是较容易认定的，隐性失业则难以认定。所以隐性失业或不充分就业一般是在分析问题时使用的概念，是在解决劳动就业，旨在提高生产效率时使用的概念，而不是在讨论社会保障、救济等问题时使用的概念。

10. 贫穷的类型与成因

从经济学意义上讲，贫穷是由于收入不足而导致生活匮乏的状态。

贫穷的类型：

第一，绝对贫穷与相对贫穷。绝对贫穷是收入不足以维持身体健康所需要支出的状态，也是以最低标准的物质需要为基础的贫穷。相对贫穷也是一种贫穷状态，指个人、家庭或群体走出了绝对贫穷后仍然在基本生活上处于贫穷状态。

第二，个案贫穷与集体贫穷。个案贫穷是指一个人、家庭或村庄处于贫穷状态，是它相对于周围人、家庭或村庄的贫穷。集体贫穷是普遍性的贫穷，是某一类社会单位共有的现象。集体贫穷是由于共同的原因造成的。集体贫穷比个案贫穷要严重得多，因为它给更多的人带来不幸，解决起来也更加困难。

第三，短期贫穷与长期贫穷。短期贫穷是由于临时性突发原因而造成的贫穷。长期贫穷是由于获取收入的最基本要素缺失造成的贫穷。由于基本要素缺失，贫穷状况难以在短期内改变。

贫穷的成因：

贫穷是一种普遍而复杂的经济现象和社会现象，任何贫穷都可能主要由某种原因造成，但贫穷总是多种因素共同作用的结果。自然地理因素、经济因素、政治因素、社会文化因素常常综合起来导致贫穷。对于区域性贫穷来说，自然地理因素、社会文化因素可能是决定性因素，但并不一定是必然因素。我国西部、中部、东部地区贫富程度大体依次展开，但每一地区又有特殊性。贫穷与生产方式有重要关系。在自给自足的生产方式下，自然地理因素，包括土地肥沃程度、资源丰富程度，对相对富裕还是相对贫穷影响极大。但在商品经济条件下，自然地理因素虽然也起作用，但人的因素更加明显。在现代社会，社会文化因素等对贫穷的影响更加被人们所关注。

11. 对贫穷的解释

第一，贫穷的恶性循环理论。经济学家认为发展中国家长期陷入贫穷是由一连串的恶性循环造成的。从供给方面看，发展中国家普遍人均收入低，且绝大部分收入用于生活消费支出，这使得他们很少储蓄，造成社会资本不足，生产规模难以扩大，生产效率难以提高，使经济增长只能维持在一个很低的发展水平。从需求方面看也是如此，低收入使得人们缺少购买力，消费不足影响资本形成，进而生产率低、收入低。这样两个循环相互联结、相互影响，形成了发展中国家长期难以突破的贫穷陷阱。这一理论揭示了发展中国家贫穷再生产的过程和机制。

第二，贫穷文化论。有人认为，穷人之所以长期和世代陷入贫穷，是因为他们拥有的贫穷文化。该理论认为，当一群人世代受到经济剥夺时，由于对这种剥夺的无能为力，他们会产生适应这种被剥夺状况的文化，能够应对所处的恶劣环境。这种文化有一种惰性，使得即使机会到来，他们也不能抓住机会摆脱贫穷。这种文化又有一种"遗传性"，使得贫穷的下一代吸收了父辈所形成的价值观。

第三，社会环境剥夺论。这种理论认为，在一定的社会生存环境下，当某一国家或群体处于劣势而陷入贫穷之后，竞争会使它处于更加不利的地位，周围环境对它的剥夺会使它继续陷入贫穷。关于发展中国家不发展的依附理论认为，是发展中国家对发达国家的依附和发达国家对发展中国家的剥夺，使发展中国家总是处于落后的不利地位。这是国际范围的环境剥夺。

12. 改革开放以来我国的反贫困实践

第一，体制改革解放生产力、增加农民收入。农村实行家庭联产承包责任制，极大地提高了农民的生产积极性，农产品产量大增，农民也从中得到了实实在在的好处，对缓解贫困发挥了显著作用。之后，农村剩余劳动力开始兴办企业，或进入城市务工经商，获得比务农更多的收入，也对农民摆脱贫困发挥了重要作用。可以说，改革开放、解放生产力是反贫困的最重要措施。

第二，国家实施扶贫开发计划，支持贫困县脱贫。对于生态条件差、面积大的贫困地区，国家通过扶植贫困县，促进当地经济发展，即实行开发性扶贫，将原来以救济为主的"输血型"反贫困变为以增强贫困地区和贫困家庭生产能力为主的"造血型"反贫困，"八七扶贫攻坚计划"的重点思路是经济开发，即通过支持农民发展生产、提高经济收入来解决贫困问题。同时通过发展乡村工业、劳动力外出打工等形式增加农民收入。这些使我国农村的贫困问题有了较大的改善。

第三，实施整村推进战略和新的经济社会政策。在以人为本、统筹城乡、公共服务均等化基本理念的指导下，中央实施了一系列有利于农民的经济社会政策：取消农业税、补贴农田种植、在全国建立新型农村合作医疗制度、农村最低生活保障制度、农村社会养老保险制度，改善包括贫困家庭在内的农村居民的生活；实施对农村义务教育阶段（小学和初中）的贫困家庭学生免费提供教科书、免除学杂费，并为寄宿生补助一定生活费的"两免一补"政策。这些政策对反贫困起到了很大的作用。

第四，新时期实施脱贫攻坚战略。2011年，中共中央、国务院印发《中国农村扶贫开发纲要（2011 — 2020年）》，把连片特困地区作为实施脱贫攻坚战略的主战场。2015年，《中共中央 国务院关于打赢脱贫攻坚战的决定》指出要采取超常规举措，通过产业扶持、转移就业、易地搬迁、教育支持、医疗救助等措施实现脱贫，其余完全或部分丧失劳动能力的贫困人口实行社保政策兜底脱贫，农村绝对贫困人口实现不愁吃、不愁穿，义务教育、基本医疗和住房安全有保障，实现到2020年底农村贫困人口全部脱贫。在中央的坚强领导下，通过发挥政治优势和制度优势，动员全国力量参与，激发贫困人口内在动力，现在基本实现了现行标准下农村贫困人口全部脱贫。我国的农村反贫困取得了举世瞩目的成就。接下来，我国面临的反贫困任务的重点是防止脱贫人口返贫和解决农村相对贫困的问题。

我国的反贫困是在三个层次，即国家层次、地区层次和个案层次上展开的。在国家层次上，我国一直在努力摆脱落后面貌，反贫困战略表现为经济发展战略。在地区层次和个案层次上是扶贫和脱贫。在地区层次上，我国长期采用救济或传统的经济发展战略，或以救济为手段，或以地区经济增长为目标，对于贫困地区的内在发展注意不够，从而出现了脱贫地区返贫的现象。在个案层次上也有类似现象。传统的扶贫或脱贫战略既取得了不容忽视的成绩，也有一些明显的不足。

三、综合练习

（一）单项选择题

1. 由于人文环境失调，影响了广大社会成员的正常生活和社会进步，需要运用社会力量加以解决的问题是（　　）。

  A. 经济问题   B. 政治问题

  C. 文化问题   D. 社会问题

2. 社会问题的主要成因是（　　）。

  A. 政治制度   B. 经济制度

  C. 社会结构变动   D. 文化差异

3.（　　）问题正在成为世界性问题，引起世界各国的高度重视。

  A. 人口   B. 失业

  C. 环境   D. 贫穷

4. 人口问题是人口数量庞大，至 2019 年，我国大陆人口总数高达（　　）。

  A. 13 亿   B. 14 亿

  C. 15 亿   D. 16 亿

5. 人口问题的实质是（　　）。

  A. 人口再生产与物质资料再生产不相适应

  B. 数量多

  C. 素质差

  D. 区域不均衡

6. 按照国际通常标准，一个国家或地区进入老化社会是指 60 岁以上老年人口占总人口的（　　）。

  A. 10%   B. 8%

  C. 6%   D. 5%

7.《新人口论》充分阐述了人口增长要与经济发展相适应，其作者是（　　）。

  A. 费孝通   B. 冯友兰

  C. 雷洁琼   D. 马寅初

8. 在劳动或工作岗位上，劳动者不能充分发挥其能力，这是（　　）。

  A. 就业   B. 失业

  C. 显性失业   D. 隐性失业

9. 失业人口在劳动总人口中所占的比重是指（　　）。

  A. 失业   B. 失业率

  C. 就业   D. 就业率

10. 对贫穷的定义更具有操作性和描述性的解释是（　　）。

  A. 经济学的定义   B. 政治学的定义

  C. 社会文化的定义   D. 环境学的定义

11. 目前我国扶贫的基本策略是（　　）。

  A. 救济式扶贫   B. 开发式扶贫

C. 参与式扶贫　　　　　　　　　　D. 精准扶贫

12. 我国贫困线的标准按购买力平价计算是人民币（　　）元。

A. 2 100　　　　　　　　　　　　B. 2 200

C. 2 300　　　　　　　　　　　　D. 2 400

（二）多项选择题

1. 人文环境失调包括（　　）。

A. 社会关系的失调　　　　　　　　B. 社会控制失控

C. 社会变迁失衡　　　　　　　　　D. 社会发展失败

E. 人与环境关系的失调

2. 纵观历史，人类与环境的关系经历的阶段包括（　　）。

A. 依赖关系　　　　　　　　　　　B. 顺应关系

C. 掠夺关系　　　　　　　　　　　D. 对抗关系

E. 和谐共生关系

3. 社会关系失调表现为（　　）。

A. 群体利益的冲突以致对立　　　　B. 群体间价值观念的冲突

C. 民族间的矛盾　　　　　　　　　D. 社会结构失调

E. 社会解组

4. 社会问题给人们的正常生活、对社会的持续稳定发展和社会进步带来不利影响的表现为（　　）。

A. 提高了社会运行的成本　　　　　B. 造成社会资源的浪费

C. 给社会成员的正常生活带来威胁　D. 影响了文化的传承

E. 为社会的进一步发展设置了阻碍

5. 发达国家和地区人口的特点是（　　）。

A. 高出生　　　　　　　　　　　　B. 高增长

C. 低出生　　　　　　　　　　　　D. 低死亡

E. 低增长

6. 我国人口问题的一般现状是（　　）。

A. 人口数量庞大　　　　　　　　　B. 密度大

C. 人口老龄化　　　　　　　　　　D. 人口结构存在问题和忧患

E. 巨大的流动人口影响人们的正常生活和社会秩序

7. 我国人口问题的影响因素包括（　　）。

A. 政策原因　　　　　　　　　　　B. 经济因素

C. 人口惯性　　　　　　　　　　　D. 文化因素

E. 社会因素

8. 失业的成因包括（　　　）。

　　A. 社会因素的影响

　　B. 经济因素的影响

　　C. 人口的过度发展、新的劳动力的大量出现

　　D. 技术进步与技术调整

　　E. 季节变动

9. 我国的就业问题包括（　　　）。

　　A. 失业问题　　　　　　　　　　B. 就业压力巨大

　　C. 劳动力供给能力弱化　　　　　D. 劳动关系方面的问题

　　E. 身体机能不适应

10. 就业问题的解决途径包括（　　　）。

　　A. 发展经济　　　　　　　　　　B. 加强人力资源能力建设

　　C. 发展服务业　　　　　　　　　D. 振兴乡村

　　E. 加强劳动法规和制度建设

11. 对贫穷的解释包括（　　　）。

　　A. 贫穷的恶性循环理论　　　　　B. 贫穷文化论

　　C. 管理缺位论　　　　　　　　　D. 技术匮乏论

　　E. 社会环境剥夺论

12. 改革开放以来我国的反贫困实践包括（　　　）。

　　A. 体制改革解放生产力　　　　　B. 国家实施扶贫开发计划支持贫困县脱贫

　　C. 实施整村推进战略　　　　　　D. 新时期实施脱贫攻坚战略

　　E. 向贫苦地区迁移人口

（三）重要名词

社会问题　社会失调　人口问题　人口老龄化　就业问题　失业　失业率　贫穷
贫穷的恶性循环理论

（四）思考题

1. 什么是社会问题？试述社会问题产生的一般原因。

2. 人口问题的实质是什么？试述我国人口问题的一般现状及解决途径。

3. 就业的实质是什么？试述我国就业面临的问题。

4. 什么是失业？试述解决就业问题的可能途径。

5. 什么是贫穷？它有哪些类型？

6. 试述我国反贫困实践的措施、成就及存在的问题。

四、综合练习参考答案

（一）单项选择题

1. D	2. C	3. C	4. B	5. A	6. A	7. D
8. D	9. B	10. A	11. D	12. C		

（二）多项选择题

1. AE	2. ABCE	3. ABDE	4. ABCE	5. CDE	6. ACDE	7. ACDE
8. ABCDE	9. ABCD	10. ABCDE	11. ABE	12. ABCD		

（三）重要名词

1. 社会问题　　　　　　（答案参见重要名词、术语1）

2. 社会失调　　　　　　（答案参见重要名词、术语3）

3. 人口问题　　　　　　（答案参见重要名词、术语5）

4. 人口老龄化　　　　　（答案参见重要名词、术语8）

5. 就业问题　　　　　　（答案参见重要名词、术语10）

6. 失业　　　　　　　　（答案参见重要名词、术语11）

7. 失业率　　　　　　　（答案参见重要名词、术语12）

8. 贫穷　　　　　　　　（答案参见重要名词、术语14）

9. 贫穷的恶性循环理论　（答案参见重要名词、术语15）

（四）思考题

1. 什么是社会问题？试述社会问题产生的一般原因。（答案参见重要理论和难点1、2）

2. 人口问题的实质是什么？试述我国人口问题的一般现状及解决途径。（答案参见重要理论和难点4、5）

3. 就业问题的实质是什么？试述我国就业面临的问题。（答案参见重要理论和难点6、8）

4. 什么是失业？试述解决就业问题的可能途径。（答案参见重要理论和难点8）

5. 什么是贫穷？它有哪些类型？（答案参见重要名词、术语14，重要理论和难点10）

6. 试述我国反贫困实践的措施、成就及存在的问题。（答案参见重要理论和难点12）

第十一章　社会保障与社会工作

一、重要名词、术语

1. 社会保障

社会保障也称社会安全，是国家和社会依照法律对社会成员的基本生活予以保障的制度。社会保障是当社会成员不能参加正常劳动，或因遭受意外而不能维持基本生活时，由国家和社会依法对其提供的最低限度的经济上的帮助。

2. 社会保险

社会保险是国家和社会通过立法，在劳动者或全体社会成员因年迈、疾病、伤残或由于其他原因而丧失劳动能力从而生活发生困难时，向其提供物质帮助，保证其基本生活需求的一种社会保障制度。

3. 社会救助

社会救助也称社会救济，是国家和社会向贫困者提供最低水平生活需求的物质援助，并增强他们适应社会生存能力的一种社会保障制度。

4. 社会福利

社会福利有狭义和广义之分。狭义的社会福利是指当社会成员因年老、疾病、生理或心理缺陷等而丧失劳动能力从而出现生活困难时，国家或社会向其提供的服务。广义的社会福利是指为了改善和提高全体社会成员的物质生活水平和精神生活水平所采取的各种社会服务措施。

5. 社会工作

社会工作是指帮助社会生活上处于不利地位的个人、群体和社区，解决困难，预防问题的发生，恢复、改善和发展自己的功能，以适应和进行正常的社会生活的职业性的社会服务活动。

6. 个案社会工作

个案社会工作简称个案工作，是为社会生活失调的个人提供特殊服务，使其适应周围环境，以进行正常生活的活动与过程。

7. 小组社会工作

小组社会工作简称小组工作，是以由有心理和社会问题的人所组成的群体为对象，通过群体活动即群体动力过程为成员提供服务。

8.社区社会工作

社区社会工作简称社区工作，是以社区为对象的社会工作，是通过社区组织和社会计划实现社区发展的过程。

9.社区组织

社区组织是社会工作者协助社区居民、团体或组织机构认识社区需要，组成社区行动体系，进行有计划的集体行动，以解决社区问题的过程。社区组织的核心是把社区中原有的、分散的资源与社会力量联系和组织起来，形成共同的行动体系，依靠社区自身的力量解决社区问题。

10.社区发展

社区发展指社区综合发展的状态，也指一项专门化活动。作为一种社会工作方法，社区发展实际上是社会工作者介入落后的或无组织的社区，通过启发和教育，协助社区居民组织起来，发挥社区合作精神，动员社区内外资源，按照社区居民制订的计划去解决社区共同问题的过程。

11.乡村建设运动

乡村建设运动是民国时期由一批知识分子倡导并参与的，以复兴和建设中国农村、解决中国农村问题为主旨的社会改良运动。其中最有影响的是晏阳初领导的华北平民教育运动和梁漱溟领导的山东乡村建设运动。

12.就业保障

就业保障是中华人民共和国成立后主要在城市实行的以就业为中心的社会保障制度。人们一旦进入全民所有制单位就业，就进入了国家的社会保障网络，享受各种保障和福利待遇。我国的就业保障制度采取高就业、低工资、高补贴、高福利的做法，有效地保障了国家职工的生活，也给国家造成巨大压力。

13.社区服务

社区服务是指在一定的社区内，以社区居民的自愿、互助为基础，以社区中有特殊需要的困难人群为重点对象，同时面向全体社区居民，为他们排忧解难，提高其生活质量的服务活动。与商业服务追求经济效益不同，社区服务强调的是服务。

二、重要理论和难点

1.社会保障的特点

第一，经济保障。社会保障主要是经济保障。因为它面向的对象是那些由于各种原因，经济上十分困难，以致难以进行基本生活的社会成员。社会保障的基本形式就是生活基本费用和基本必需品的发放。当然，由于各国国情的差异，社会保障的内容及方式也有所不同。

第二，社会性。社会保障的对象是一个国家和地区所有享有此权利的人，即当这些人遭遇各种不幸时，他们都应得到来自国家、社会经济上的帮助。在现代社会，这种保障是一种全民性保障，国家对其所有公民都负有进行基本生活保障的义务。

第三，合法性。法律规定，国家有保障人民生活的义务，人民享有受国家保护的权利。社会保障同一定的社会政策、社会立法相联系，从而具有至上的权威性。

2. 社会保障的内容

第一，社会保险。社会保险是国家和社会通过立法，在劳动者或全体社会成员因年迈、疾病、伤残或由于其他原因而丧失劳动能力从而生活发生困难时，向其提供物质帮助，保证其基本生活需求的一种社会保障制度。社会保险的内容多种多样，主要包括老年保险、医疗保险、伤残保险等。这些保险实施方式是当"险情"发生后向社会成员提供物质上、经济上的帮助。社会保险具有行政推动、非营利性和社会福利性等特点。

第二，社会救助。社会救助是国家和社会向贫困者提供最低水平生活需求的物质援助，并增强他们适应社会生存能力的一种社会保障制度。社会救助的对象是没有劳动能力或收入不足以维持法定的最低生活标准（贫困线）的家庭。社会救助是以资金或实物手段进行的。在现代社会，社会救助是由法律规定的，即符合法律规定者可以享受社会救助，但需经过申请、核实等手续。

第三，社会福利。狭义的社会福利是指当社会成员因年老、疾病、生理或心理缺陷等而丧失劳动能力从而出现生活困难时，国家或社会向其提供的服务。广义的社会福利是指为了改善和提高全体社会成员的物质生活水平和精神生活水平的各种社会服务措施。社会福利一般包括现金援助和直接服务。社会福利的主要内容有医疗卫生服务、劳动就业服务、住宅服务、孤老残幼服务、残疾康复服务、公共福利服务等。

3. 社会保险、社会救助、社会福利的区别与联系

社会保险、社会救助、社会福利都是社会保障制度的组成部分，都是通过国家和社会向服务对象提供帮助，解决其生活困难，以防止问题发生、维护社会稳定的措施和活动。但三者提供帮助和服务的角度又有所不同。社会保险是针对未来可能遭遇的风险而言的，是从预防的角度提供服务，如我国现在农村实行的养老保险制度，即当农民还未进入老年时，从多方面，特别是在养老金方面做准备，以应对他们年老时可能出现的物质生活方面的问题。社会救助是对社会中贫困者，一般是贫困家庭的临时性的经济和物质援助，这种贫困是已经发生了的。社会福利或称社会福利服务是对老、弱、病、残提供的日常生活服务，这些人一般没有经济上的威胁，但因身心条件而不能正常生活，这时提供的服务和帮助是社会福利服务。在我国，社会福利的含义还要宽泛，特别是国家职工所享受的社会福利已超出上述范围。

4. 我国社会保障制度的理论基础

马克思在《哥达纲领批判》中提出的关于在社会主义社会中社会总产品分配的基本理论是我国社会保障制度的理论基础。马克思所指出的在社会总产品中提取"用来应付不幸事故、自然灾害等的后备基金或保险基金""为丧失劳动能力的人等设立的基金"都属于社会保障的内容，而"用来满足诸如发展学校、保健设施等社会成员共同需要的部分"则属于广

义的社会福利的内容。然而由于我国长期以来实行城乡二元社会保障制度，上述理论基本上只在城市中得到实践。

马克思主义关于社会主义生产的目的理论为社会保障制度提供了重要依据。社会主义生产的目的是满足社会成员不断增长的物质需要和文化需要，其中首先应该包括解决社会成员所遇到的阻碍其正常生活的问题。另外，马克思所说的社会主义要为社会成员的全面发展创造条件，不仅包括一般的生活保障，也包括广义的社会福利的内容。

马克思主义关于个人与社会的关系的理论也为社会保障制度提供了理论基础。马克思主义重视人，并把人的发展置于中心地位。马克思主义也强调集体主义，认为人的发展与社会的发展是密切相关的。没有人的发展，就谈不上社会的发展，而社会的发展又是个人发展的前提条件。这种辩证关系把向有困难的社会成员提供保障同社会进步联系起来。实际上，社会保障是社会进步的组成部分。

5. 社会保障的功能

社会保障的积极功能：

第一，满足无劳动能力者的基本生活需要，保障其生活的安全。社会保障的基本内容是向老、弱、病、残、无业人员等提供物质帮助，使其在无收入或收入不足以维持最低生活时得到救助。这是人道主义的基本要求。

第二，维护社会稳定。失业、疾病、灾害的发生不仅影响当事人的正常生活，也会影响其周围的环境。社会保障通过向这些人提供保障，可以缓解各种社会矛盾，从而维护社会稳定。从国家和社会的角度看，维护社会稳定是社会保障最重要的功能。

第三，保护和维持劳动者的工作能力，保障劳动力的再生产，刺激劳动潜力的充分发挥。国家和社会通过向有劳动能力的人提供保障，可以使其劳动潜力不致丧失，并且为它的发挥创造基本条件。对于在业者，社会保障则会提高其劳动积极性。

第四，促进社会公平和社会进步。社会保障通过合理的收入再分配，向不幸者提供参与公平竞争的基本条件，在一定程度上保障了社会公平。同时，通过收入再分配，也可以调节社会成员收入上的过分悬殊，这也是社会进步的目标。

社会保障的反功能：

社会保障对社会的稳定、人和社会的发展发挥了积极的功能，但也有反功能，主要表现在以下两个方面：

第一，在社会保障实行初期，一些国家通过此种手段使那些处于不利地位的人就范，未能保障其合理的权利。

第二，在社会保障高度发展之后，特别是在高福利国家，一些人滋生了懒惰心理，不利于其劳动潜力的发挥。

6. 社会工作的功能

第一，解决实际困难，保障个人生活。个人和群体由于自身力量的单薄和社会资源的缺乏，难以靠自己的力量摆脱困境。社会工作者通过向受助者提供物质的、精神的、社会的帮助，可以解决他们的实际困难，保障他们的生活。

第二，挖掘潜能，促进发展。社会工作不仅注重通过向有困难的人提供帮助，解决其困难，而且注重挖掘受助者的内在潜能，促进其发展。社会工作理论认为，挖掘受助者的潜能比为其解决具体困难更重要。

第三，发扬互助精神，促进社会整合。社会工作不仅以向有困难的人提供帮助为己任，而且提倡社会成员之间的互助。互助精神可以化矛盾为合作，促进社会整合，使人们生活在良好的社会环境之中。

第四，化解社会问题，维护社会稳定。虽然社会工作并不能解决所有社会问题，但是它在化解社会问题、缓和社会矛盾方面的作用是明显的。社会工作通过提供服务，发挥维护社会稳定的功能，从而为个人和社会的发展创造条件。

7. 社会工作方法

第一，个案社会工作，简称社会工作，是为社会生活失调的个人提供特殊服务，使其适应周围环境，以进行正常生活的活动与过程。它是社会工作者直接向受助者提供服务的面对面的工作方法。个案社会工作要求运用交谈的技巧，通过向受助者提供善意的劝导和必要的资源，帮助他们解决在人际关系和生活中遇到的问题。个案社会工作有一些不同的流派，包括功能派、心理和社会学派、行为修正派。

第二，小组社会工作，简称小组工作，是以由有心理和社会问题的人所组成的群体为对象，通过群体活动即群体动力过程为成员提供服务。小组社会工作也发展出不同的工作模式：治疗型小组、社会目标型小组和成长型小组等。无论何种工作模式，小组工作都有一套基本的原则，即社会工作者帮助群体成员，引发他们之间交互作用，挖掘和发展他们的潜能，使其自觉自愿地做出选择，增强群体成员及群体的能力。

第三，社区社会工作，简称社区工作，是以社区为对象的社会工作，是通过社区组织和社会计划实现社区发展的过程。

社区组织。社区组织是社会工作者协助社区居民、团体或组织机构认识社区需要，组成社区行动体系，进行有计划的集体行动，以解决社区问题的过程。社区组织的核心是把社区中原有的、分散的资源与社会力量联系和组织起来，形成共同的行动体系，依靠社区自身的力量解决社区问题。通过调查研究与社区居民和组织共同制订行动计划，并通过宣传、教育把社区居民和有关机构组织起来，使之达成共识，从而推进计划，达致行动目标。

社区发展。社区发展实际上是社会工作者介入落后的或无组织的社区，通过启发和教育，协助社区居民组织起来，发挥社会合作精神，动员社区内外资源，按照社区居民制订的计划去解决社区共同问题的过程。在这一过程中，社会工作者的介入和协助十分必要，但更重要的是社区居民的自觉参与。

社区发展有两种含义：一种是作为社会工作的一种工作方法，指以社区发展为目标的一套工作程序和技巧；另一种是认为它是社区发展的状态。很明显，二者可以通过社会工作联系起来，即不仅指促进社区发展的一套有计划的活动，而且指活动的结果。

作为一种方法、工作程序和技巧，社区发展包括：对社区进行分析，发现社区发展中的问题、有利因素及不利因素；根据社区内外资源，教育、组织、协助社区居民达成共识，制定社区发展的行动方案；采取适宜的活动形式去实现发展目标。

社区发展的目标是多元的，它以社区发展面临的任务为转移。一般来说，它包括以下主要内容：社区经济发展，即提高社区居民的物质生活水平；社区组织发展，即提高社区居民对社区事务的参与程度，提高社区的组织程度；社区意识发展，即提高社区居民对社区的认同感，增强社区意识。社区发展强调社区的内在发展、全面综合的发展。它以人的发展为中心，以挖掘社区资源和社区组织为基本手段去追求社区全面而持久的发展。

为了更有效地推进社区发展，联合国提出了社区发展的十条基本原则：

① 社区发展的各项活动必须符合社区发展的基本需要，并根据人们的愿望，制定工作方案。② 虽然社区局部的改进可以由某一部门进行，但全面的社区发展，必须建立多目标的计划，并组织各方面、各部门联合行动。③ 在推行社区的初期，改变居民的态度和进行物质建设同样重要。④ 社区发展的目的在于促进人们热心参与社区工作，从而改进地方行政机构的功能。⑤ 选拔、鼓励和训练地方领导人是社区发展计划中的主要工作。⑥ 社区发展工作应特别重视妇女和青年的参与，以扩大参与的基础，并求得社区的长期发展。⑦ 社区自助计划的有效实现，有赖于政府积极而广泛的协助。⑧ 制订全国性的社区发展计划必须有完整的政策。行政机构的建立、工作人员的选拔与训练、地方与国家资源的运用与研究、社区发展的实验与考核机构的设立都应逐步配套进行。⑨ 在社区发展中应该充分利用地方的、全国的、国际的民间组织资源。⑩ 地方性的社会、经济进步，必须与全国性的发展计划相结合、相协调。

在当今世界上，社区发展活动已相当普及，并取得了良好的效果。

8. 我国流行的社会工作与专业社会工作的异同

社会工作是我国社会中广泛使用的一个名词，我国流行的社会工作是指本职工作之外为社会、为单位做出贡献，为群众服务的活动。一个工人兼任厂工会委员，后者是他的社会工作；一个教师兼任系主任也是社会工作。但一个国家干部的本职工作不属于社会工作，专职工会主席的工作也不属于社会工作。专业社会工作是一种以助人为己任的服务工作。那么，我国大量的社会工作与专业社会工作的异同何在？它们的相同点是都提倡为群众服务，为群众排忧解难。而且专业社会工作强调的价值观同我国工作中倡导的全心全意为人民服务的思想是相通的。二者的不同之处在于：专业社会工作以帮助对象为中心，为其解决实际困难，主要表现为服务；我国的社会工作有时强调思想政治工作，常以摆正个人、集体、社会的关系为落脚点，有时带有明显的管理性质。

9. 社会工作与社会保障的关系

社会工作与社会保障在本质上是相同的，它们的任务和目的都是帮助在生活上遇到困难的社会成员，特别是那些因失业、疾病、生理缺陷而陷入困难者，以保障他们能正常生活，维护社会安定，促进社会进步。但二者又存在差异：① 社会保障是国家以法律形式规定的保障人们生活的一套制度，而社会工作是推行和实现社会保障制度的具体的服务过程和服务活动；② 社会工作的范围比社会保障稍大一些，如一些家庭社会服务就在社会保障之外；③ 社会保障的目标是保证社会成员生活的安全，以维护社会稳定，而社会工作更多地着眼于受助者困难的解决及其内在发展。

10. 我国的社会保障与社会工作实践

城镇职工的就业保障制度：中华人民共和国成立后，我国城市基本上沿用了苏联式的社会保障模式。在城镇职工中实行完全由国家（包括国营企业）包办的做法，我国城镇采取了就业保障制度，即通过吸收城镇居民充分就业，对其进行保障。人们一旦进入全民所有制单位就业，就进入了国家的社会保障网络，享受各种保障和福利待遇。这种保障制度不仅面向国家职工，还惠及其家庭成员。我国的就业保障制度采取高就业、低工资、高补贴、高福利的做法。除此之外，国家对城镇居民实行价值补贴制度，即当副食品及生活服务调价时，国家对城镇居民给予补贴，以不降低其生活水平。

农村的社会救助和集体保障：① 农村救灾。抗灾救灾在我国农村的社会救助和集体保障中占有十分突出的地位，我国农村救灾基本上是生产自救。对自然条件恶劣，经济十分落后的老、少、边、穷地区，政府则给予较多救济。②"五保"制度。在农村，社会救助的重点是那些无依无靠的鳏寡孤独老人和孤儿。农村实行"五保"制度，即保吃、保住、保穿、保烧、保葬（儿童保教），从而使这些人的生活有了基本保障。"五保"制度的经济基础是集体经济，邻里互助则是其社会基础。③ 合作医疗制度。由于国家无力在农村建立高水平的卫生保健系统，以农民互助合作为特征的合作医疗制度在政府的支持下应运而生，这在一定程度上保障了农民的健康水平。

计划经济时期我国城乡社会保障的特点及得失：

特点：① 城乡社会保障的二元性。中华人民共和国成立后，由于户籍管理制度和所有制归属的差异，我国社会呈现出城乡二元结构特征，表现在社会保障方面则是城镇居民，特别是全民所有制职工享受良好的保障和福利，而农民所得到的保障很少，二者形成强烈反差。② 行政推动。社会保障被纳入行政管理范围，政府和与政府密切相关的群团组织成为社会保障制度的推动者和有效执行者，在保障人民生活方面发挥了积极作用。③ 社会保障制度的实施、社会工作的开展主要由各级各类国家干部、公职人员承担。他们既有管理社会的权力，也有为群众排忧解难的义务。他们既是管理者，也是具有我国特点的社会工作者。

得失：计划经济时期的社会保障制度，特别是城镇社会保障制度在保障人民生活、稳定社会秩序、推动社会发展方面发挥了积极作用。人们通过就业获得保障，也通过就业进入社会组织体系，城镇居民对其所属组织（工作单位）的依附性使高度集中管理成为可能，从而使政府、工作单位有较强的动员力。这是社会稳定、发展的重要基础。

问题：① 农村缺乏有效的社会保障制度，农民所受保障程度低。广大农民只能自我积累、互助互济、自我保障。② 城市的就业与福利高度合一的保障体系使一些人滋生了消极的、不思进取的思想。③ 高补贴、高福利给国家财政带来了巨大压力。④ 城乡二元保障体制和二者之间的巨大差异促使农民千方百计进入城镇，成为城镇人口，这给城市带来了巨大的压力。

11. 我国社会保障制度的改革

城市社会保障制度的改革：

改革措施和进展：① 政府逐步推行了国家、企业、个人共同负担养老保险资金的改革方案，加大了个人在社会保障中的责任。② 城市社会保障制度建设进一步发展。明确了多层次、覆盖城乡居民的社会保障制度体系框架基本形成，出台了城镇居民基本医疗保险方面的政策和《中华人民共和国保险法》。中共十九大明确了社会保障体系建设的目标：按照兜底线、织密网、建机制的要求，全面建成覆盖全民、城乡统筹、权责清晰、保障适度、可持续的多层次社会保障体系。

城市社会保障制度改革面临的任务：

问题和困难：① 社会保障的范围还不够全面；② 保障资金的筹集遇到一些困难；③ 在统账结合方面还需进一步努力，做实个人账户。

中共十九大提出，要全面实施全民参保计划，完善城镇职工基本养老保险和城乡居民基本养老保险制度，尽快实现养老保险全国统筹；完善统一的城乡居民基本医疗保险制度和大病保险制度；完善失业、工伤保险制度；建立全国统一的社会保险公共服务平台；统筹城乡社会救助体系，完善最低生活保障制度。

农村社会保障体系的建立和发展：

建立农村社会保障体系的探索：大力推进农村社会养老保险体系的建设工作，取得一定进展。这一体系的基本特征是：个人缴纳为主、集体补助为辅；实行个人账户；保险基金积累制。但是由于农村集体经济基本解体，这一制度未能全面建设。

中共中央、国务院出台了一系列社会政策，在政府和农民的共同参与下农村新型合作医疗制度开始实施，政府出资引导的农村新型社会养老保险制度再兴起，农村最低生活保障制度开始实施，农村反贫困行动全面展开。城乡公共服务均等化使公共政策向农村延伸，农村的教育、卫生、残疾人工作得到加强。

农村社会保障制度的问题及进一步发展：

年轻农民参加养老保险的积极性不高、基数小、获得保障程度低；一些农民有大病不医或因大病、慢性病致贫的现象；合作养老、互助养老模式未能有效地进行探索；乡村卫生员的培训比较薄弱，乡镇卫生院未能有效解决农民看病就医方面的需要，市县镇（乡）村医疗网络尚未真正形成；社会救助方面存在骗保、漏保、关系保问题；在农村空心化背景下老年关照问题比较突出。总的来说，政府的公共资源更多地投向农村，城市支持乡村、公共服务均等化需要进一步发展，也要提高农民的自我保障责任意识。另外，农村社会保障的发展还要与乡村振兴结合起来。

12. 建立健全社会工作体系

要使有困难的人得到良好的帮助和优质的服务，要使社会保障、社会福利政策落到实处，需要有一支能真心实意为人民服务、有良好的助人技巧的工作队伍。

随着行政管理机构和人员的精简以及政府职能的转换，建立专业化的社会工作者队伍已成必然趋势，社会工作教育也被提上议事日程。

在我国，社会工作在改善民生和参与社会治理中的作用日益凸显。其发展中的困难有：一些地方政府对专业社会工作的重要性认识不足，社会工作在各地发展不平衡；社会工作专业化、本土化、职业化问题需要进一步推进。社会工作需要进一步融入我国社会保障和社会福利事业的发展。

13. 我国就业保障制度的得失

对于这个问题，可以从就业保障制度的特点、功能和存在的问题几个方面来思考。

就业保障是与就业相连带的社会保障制度，长期以来我国在城镇居民中实行此制度。其基本特点是：人们一旦进入全民所有制单位就业，就进入了国家的社会保障网络，享受各种保障和福利待遇。我国的就业保障制度采取高就业、低工资、高补贴、高福利的做法。

就业保障制度通过广泛吸收有劳动能力的城镇人口就业，惠以福利，来保障了人们生活，这使人们感受到了社会主义制度的优越性，从而在一定程度上激发了人们为社会主义工作的积极性，维护了社会的稳定。

就业保障制度也蕴藏着一些问题：① 高补贴、高福利给国家财政带来沉重负担，影响了经济建设的投资与发展速度。② 就业保障使一些人滋生了享受和懒惰思想，工作态度消极。③ 就业保障基本上只在城镇人口中实行，扩大了城乡差别，同时也使得大量农村人口产生了进城的欲望，而我国经济落后，这就给城市带来巨大压力。

就业保障制度改革的大致思路是改变一切由国家包下来的保障模式，遵循权利和义务对等的原则，国家、企业、个人共同负担保障金，既能保障人们的生活水平，又不给国家造成巨大的财政压力以影响国家经济建设，还能够激发人们的劳动积极性。

三、综合练习

（一）单项选择题

1. 当社会成员不能参加正常的劳动，或因遭受意外而不能维持基本生活时，由政府和社会依法对其提供的最低限度的经济上的帮助是（　　　　）。

    A. 社会保障　　　　　　　　　　　B. 社会服务

    C. 社会保险　　　　　　　　　　　D. 社会救助

2. 社会保障主要是（　　　）。

    A. 政治保障　　　　　　　　　　　B. 经济保障

    C. 思想保障　　　　　　　　　　　D. 制度保障

3. 世界上第一个建立起全民性社会保障制度的国家是（　　　　）。

A. 美国　　　　　　　　　　B. 法国

C. 英国　　　　　　　　　　D. 德国

4. 国家和社会通过立法，在劳动者或全体社会成员因年迈、疾病、伤残或由于其他原因而丧失劳动能力从而生活发生困难时，向其提供物质帮助，保证其基本生活需求的社会保障制度是（　　　）。

A. 社会保障　　　　　　　　B. 社会服务

C. 社会保险　　　　　　　　D. 社会救济

5. 国家和社会向贫困者提供最低水平生活需求的物质援助，并增强他们适应社会生存能力的社会保障制度是（　　　）。

A. 社会保障　　　　　　　　B. 社会救助

C. 社会保险　　　　　　　　D. 社会服务

6. 社会保障制度被称为社会"稳定器"，是指其（　　　）。

A. 民生功能　　　　　　　　B. 经济功能

C. 社会功能　　　　　　　　D. 政治功能

7. 社会保险是（　　　）。

A. 社会救助　　　　　　　　B. 社会保障的一项内容

C. 社会福利　　　　　　　　D. 人身、人寿保险

8. 社会工作是指（　　　）。

A. 推行和实现社会保障制度的工作　　B. 本职工作之外为群众服务

C. 没有报酬的为群众服务的工作　　D. 国家组织的专业社会服务工作

9. 秉持助人自助的价值观，运用专业方法，帮助基本生活处于困境的群体，解决其困难，增强其能力，调适他们与环境关系的社会服务是（　　　）。

A. 社会保障　　　　　　　　B. 社会保险

C. 社会服务　　　　　　　　D. 社会工作

10. 19 世纪末 20 世纪初，（　　　）先后成立社会工作学院，进行社会工作教育，社会工作产生。

A. 英国　　　　　　　　　　B. 德国

C. 荷兰　　　　　　　　　　D. 法国

11. 提出老有所终、壮有所用、幼有所长、鳏寡孤独废疾者皆有所养"大同世界"的思想家是（　　　）。

A. 孔子　　　　　　　　　　B. 老子

C. 墨子　　　　　　　　　　D. 庄子

12. 我国建立城市最低生活保障制度的时间是（　　　）。

A. 1995 年　　　　　　　　B. 1996 年

C. 1997 年　　　　　　　　D. 1998 年

13. 我国统筹社会保障与社会工作的职能部门是（　　　）。

  A. 国家发改委   B. 人力资源和社会保障部

  C. 财政部   D. 民政部

14. 中国社会工作教育协会成立的时间是（　　　）。

  A. 1994 年   B. 1995 年

  C. 1996 年   D. 1997 年

（二）多项选择题

1. 社会保障的特点包括（　　　）。

  A. 经济保障   B. 政治保障

  C. 合法性   D. 社会性

  E. 全民性

2. 社会保障的基本内容包括（　　　）。

  A. 社会保险   B. 社会救助

  C. 社会服务   D. 社会福利

  E. 社会工作

3. 社会保障的功能包括（　　　）。

  A. 保障无劳动能力者生活的安全   B. 维护社会稳定

  C. 保障劳动力的再生产   D. 促进社会公平和社会进步

  E. 滋生懒惰心理

4. 社会保障模式包括（　　　）。

  A. 以社会保险为重点的社会保障   B. 福利国家的全民普遍保障

  C. 苏联式的社会保障   D. 分层保障

  E. 储蓄基金制保障

5. 社会工作的功能包括（　　　）。

  A. 解决实际困难，保障个人生活   B. 挖掘潜能，促进发展

  C. 发扬互助精神，促进社会整合   D. 化解社会问题，维护社会稳定

  E. 推进人文关怀

6. 社会工作方法包括（　　　）。

  A. 个案社会工作   B. 小组社会工作

  C. 社区社会工作   D. 团体社会工作

  E. 基层党建工作法

7. 晏阳初认为中国农村的根本问题是（　　　）。

  A. 贫   B. 愚

  C. 散   D. 弱

E. 私

8. 晏阳初认为通过教育可提升平民的（　　　）。

A. 自治力　　　　　　　　　　　　B. 团结力

C. 强健力　　　　　　　　　　　　D. 知识力

E. 生产力

9. 我国农村的社会救助和集体保障的方式包括（　　　）。

A. 农村救灾　　　　　　　　　　　B. "五保"制度

C. 合作医疗制度　　　　　　　　　D. 养老保障

E. 脱贫攻坚

10. "五保"制度包括（　　　）。

A. 保吃　　　　　　　　　　　　　B. 保穿

C. 保住　　　　　　　　　　　　　D. 保医

E. 保葬（孤儿保教）

11. 我国社会保障制度存在的问题是（　　　）。

A. 农民所受保障程度低

B. 城市的就业与福利高度合一的保障体系使一些人滋生了消极的、不思进取的心理

C. 国家财政负担重

D. 大量农民进入城镇

E. 专业化程度不够

12. 城市社会保障体制改革面临的任务有（　　　）。

A. 扩大社会保障范围　　　　　　　B. 大力筹集保障资金

C. 做实个人账户　　　　　　　　　D. 统筹城乡保障制度

E. 加快专业队伍建设

（三）重要名词

社会保障　社会保险　社会救助　社会福利　社会工作　社区发展　乡村建设运动　就业保障

（四）思考题

1. 什么是社会保障？它有哪些特点？

2. 试述社会保障的功能。

3. 什么是社会工作？它主要包括哪些工作方法？

4. 什么是社区工作？社区发展包括哪些内容？

5. 试述21世纪以来我国城乡社会保障制度的新发展。

6. 试述我国社会工作的发展状况及进一步发展需要解决的问题。

四、综合练习参考答案

（一）单项选择题

1. A	2. B	3. C	4. C	5. B	6. D	7. B
8. D	9. D	10. C	11. A	12. C	13. D	14. A

（二）多项选择题

1. ACD	2. ABD	3. ABCDE	4. ABCE	5. ABCD	6. ABC	7. ABDE
8. BCDE	9. ABC	10. ABCDE	11. ABCDE	12. ABC		

（三）重要名词

1. 社会保障　　　（答案参见重要名词、术语 1）

2. 社会保险　　　（答案参见重要名词、术语 2）

3. 社会救助　　　（答案参见重要名词、术语 3）

4. 社会福利　　　（答案参见重要名词、术语 4）

5. 社会工作　　　（答案参见重要名词、术语 5）

6. 社区发展　　　（答案参见重要名词、术语 10）

7. 乡村建设运动　（答案参见重要名词、术语 11）

8. 就业保障　　　（答案参见重要名词、术语 12）

（四）思考题

1. 什么是社会保障？它有哪些特点？（答案参见重要理论和难点 1）

2. 试述社会保障的功能。（答案参见重要理论和难点 5）

3. 什么是社会工作？它主要包括哪些工作方法？（答案参见重要名词、术语 5，重要理论和难点 7）

4. 什么是社区工作？社区发展包括哪些内容？（答案参见重要理论和难点 7）

5. 试述 21 世纪以来我国城乡社会保障制度的新发展。（答案参见重要理论和难点 10、11、12）

6. 试述我国社会工作的发展状况及进一步发展需要解决的问题。（答案参见重要理论和难点 10、11、12）

第十二章　社会变迁

一、重要名词、术语

1. 社会变迁

社会变迁是指一个社会在社会结构方面发生的社会制度和人们的生活方式、社会角色模式变化的过程。

2. 社会进化

社会进化是社会缓慢的、有秩序的变化。社会进化是经常性的现象。

3. 社会革命

社会革命是社会剧烈的、本质性的变化，它是社会结构、社会制度的根本性变化。社会革命是较少出现的现象，但是对人们生活的影响巨大。

4. 社会进步

社会进步是指那些有利于促进人类福祉、平等和社会发展的变化。

5. 社会倒退

社会倒退是指阻碍、破坏人类福祉、平等和社会发展的变化。

6. 发明

发明是指首创的、经过实践证明可以应用的新事物、新技术、新工艺和新的制作方法。一个国家的科学技术水平，在一定程度上表现为拥有多少发明专利。重大的科学技术发明往往会导致产业革命。

7. 发现

发现是指经过研究和探索，看到或找到前人没有看到或找到的事物或规律。例如，牛顿发现万有引力；李政道和杨振宁经过对基本粒子的研究，由吴健雄等人证实，于 1956 年发现在基本粒子弱相互作用的领域内宇宙并不守恒，从而证明宇宙守恒定律并不普遍适用。发现与发明是科学劳动最主要的目的。

8. 社会主义国家的指令性计划

社会主义国家的指令性计划是社会主义国家按照马克思主义的理想，对整个国家的经济社会活动进行计划的做法。

9. 资本主义国家的指导性计划

资本主义国家的指导性计划是在国家层面上对影响国家发展的重要领域进行规划，并采用相关政策引导企业去实现目标的计划。

10. 社会规划

人们为达到共同的目标而有计划地指导社会变化的过程叫作社会规划或社会计划。它是人们在对社会运行规律的科学认识的基础之上，运用所掌握的知识和科学技术，对各种资源进行合理配置，从而有效地实现社会发展目标的总过程。

二、重要理论和难点

1. 社会变迁的类型

第一，整体社会变迁与局部社会变迁。整体社会变迁是指整个社会结构和制度体系的变化。局部社会变迁是指一个社会的部分结构和制度的变化。在一个社会系统内部，局部社会变迁对整体可能是有影响的，可以从局部社会变迁去探索整体社会变迁。另外，整体社会变迁和局部社会变迁都是分层次的。

第二，社会进化与社会革命。社会进化是社会缓慢的、有秩序的变化。社会革命则是社会剧烈的、本质性的变化，它是社会结构、社会制度的根本性变化。就整个社会变迁而言，社会进化是经常性的现象，社会革命是较少出现的现象，相比而言，社会革命对人们生活的影响大得多。

第三，社会进步与社会倒退。社会进步是指那些有利于促进人类福祉、平等和社会发展的变化，而阻碍、破坏人类福祉、平等和社会发展的变化被认为是社会倒退。当然，由于社会价值具有多样性，不同社会群体所站的角度不同，他们对同一社会变迁是否进步可能有不同看法，但是有些变迁的方向是明确的：通过改革和发展，人们的物质生活水平明显提高、精神状态积极，社会稳定和谐，就是社会进步；反之，社会混乱、民不聊生就是社会倒退。

第四，自发的社会变迁与有计划的社会变迁。如果社会的变迁是自然而然发生的，就称之为自发的社会变迁；有计划的社会变迁是人们根据自己的意愿和设计而推动的社会变迁，它是人们基于自己的愿望和对社会运行的某些规律的认识去设计和具体推动的社会变迁。

2. 促使社会变迁的因素

第一，自然环境的变化。自然环境是各种自然要素，即地形、气候、海洋、陆地、土壤、植物等复杂要素的综合体。这些要素的交互作用，不仅形成了人类的生存环境，而且为社会生产提供了必要的资源。人类要善于利用自然资源为人类的社会发展服务，要将保护资源、开发资源、利用资源统一考虑。

第二，人口的变动。人口是社会的主体，是人类社会组织的基础。人口的发展变化对社会必然带来一定影响。

第三，文化、科学技术的发展。文化是一个社会群体的生活状态，是群体整个的人造环境，包括群体生活中所有物质和非物质的产品。科学技术的发展引发更加广泛的社会变迁。社会变化越来越快，这是由知识创新和科学技术进步直接导致的。

第四，社会生产力的变动。生产力是人们解决社会同自然矛盾的实际能力，是人类改造自然使其适应社会需要的客观的物质力量。近代科学技术的发展，对生产力的改变和发展，无论是在质的方面还是在量的方面都起到了重大作用。社会生产力是最活跃的因素，生产力的提高会极大地改变物质世界，导致社会变迁。

第五，价值观念的变化。社会的价值观念在社会实践中产生又指导着人们的行为，从而影响社会变迁。

3. 科学技术是第一生产力

在生产力中，具有一定的科学技术知识、生产经验和劳动技能的劳动者占有最重要的位置。劳动者是生产过程的主体，是首要的生产力，是生产力诸要素中起主导作用的要素。劳动者是生产工具的创造者、使用者和劳动资料的改进者。物质要素只有被人掌握、只有和劳动者结合起来才能成为现实的生产力。

生产力中，无论是物的因素还是人的因素，都同一定的科学技术紧密相连。这表现在：科学理论知识被人们所认识和掌握，不断创新与改进生产设备，利用和创造新的原材料，采用新工艺，从而使劳动生产率大幅度提高；科学知识和理论为劳动者普遍掌握，它会大大提高劳动者的文化技术水平，从而进一步提高人类的劳动能力。现代科学技术越是高度发展，科学技术成果就越来越转化为直接的生产力，变成"人类改造自然的强大物质手段"。中共十四大报告明确提出"科学技术是第一生产力，振兴经济首先要振兴科技"，并提出"社会主义的本质是解放生产力，发展生产力"。这就在中国社会主义建设发展的经验基础上发展了马克思主义。

4. 马克思主义的社会变迁理论

马克思主义的社会变迁理论是马克思主义历史唯物主义中的主要论题之一。根据《政治经济学批判》中的引言，可以看到马克思主义关于社会变迁的经典理论主要有如下几点：

第一，社会的变迁，归根结底是由社会的经济基础发生变动而引起的。生产力的发展，也受到相应的生产关系的束缚，以致如果不改变生产关系，社会就无法前进。

第二，随着社会经济基础的变动，全部庞大的上层建筑也或快或慢地发生变革。在考察这些变革时，马克思特别告诫我们，必须时刻把下面二者区别开来，即一种是经济方面所发生的物质的、可以用自然科学的精确性指明的变革，一种是意识形态的变革。分析一种变革，不能以意识为依据，必须从生产力与生产关系的矛盾中去寻找解释。

第三，生产力的发展，促使生产方式和社会关系发生改变。随着生产方式的改变，生活方式也发生改变，也就改变了一切社会关系。

第四，上层建筑对经济基础的反作用。当社会的上层建筑所维护的是先进的经济基础或破坏的是腐朽的经济基础时，它对社会发展起推动作用；反之，就起阻碍作用。

马克思主义的社会变迁理论及其方法论是研究社会变迁的指导思想。

5. 历史循环论

历史循环论是古今中外社会思想中一直存在的且极为普遍的理论。历史循环论认为社会、历史的活动和发展是有规律可循的，这种规律就是按照产生、增长、衰落和死亡的历史轨迹循环往复。但其基本上是从历史的表面现象看问题。人类社会变迁确是复杂多变的，但绝不会圆圈式地循环。波浪式前进、螺旋式上升应该是人类发展的基本逻辑，但是从某些角度看似乎有"循环"的色彩。

第一，施本格勒的"生物有机体"说。施本格勒是德国哲学家、史学家。他的有影响的一部著作是《西方的没落》，此书对社会理论的研究贡献较大。他认为大多数文明都必须经历一个生命周期，因此历史学家不仅能重建过去，而且能预言"西方历史尚未完结的各阶段的思想方式、时间长短、节奏、意义和成果"。他认为历史是各自独立的文化形态循环交替的过程，任何文化都是一个相对自主和自明的系统。每一种文化都有它自己的形态，并有一个发展过程，就像一个生物有机体一样，都要经历青年期、壮年期直至衰老灭亡，文明是最后的阶段。他认为文化的精神绝不能转入另一种文化。他相信西方已经经历"文化"的创造阶段，进入反省和物质享受的阶段，而未来只能是无可挽回的没落阶段。为了挽救这种"悲剧"的命运，施本格勒主张建立一套由军国主义和社会主义结合而成的新文化。他的这套理论是希特勒鼓吹战争的"国家社会主义"理论的先导。

第二，索罗金的"文化类型"说。索罗金是出生在俄国的社会学家，1922 年旅居美国。他把社会文化分成两类：一类是"感知的"（经验的，依靠自然科学并促进自然科学），一类是"想象的"（神秘的，反智力的，依靠权力和信仰）。两种社会文化是两个极端。索罗金认为，世界文化发展的历史像钟摆一样，从一个极端走向另一个极端，摇摆于二者之间，周而复始。

6. 社会进化论

社会进化论的基本观点：

社会进化论起源于生物进化论。进化论被恩格斯誉为 19 世纪自然科学三大发现之一。生物进化论的从低级到高级、从简单到复杂，种类由少到多的遗传、变异和自然选择的思想，直接影响了社会科学研究。一些人认为，人类社会和生物有机体是相似的，人类社会是自然界的延续，进化是自然界的普遍规律，因而也是人类社会变迁的自然规律。

19 世纪下半叶，早期社会进化论的代表人物主要有孔德、斯宾塞、摩尔根、泰勒和霍布豪斯等。他们认为社会的进化和生物的进化一样，是一个缓慢的、渐进的过程，是由简单到复杂、由低级到高级的直线式发展。在解释发展的动因时，他们往往用自然规律解释社会现象，并且带有决定论的色彩。

斯宾塞的社会进化论：

斯宾塞认为，社会有机体像生物有机体一样，其发展也是进化的。社会的发展是一个由简单到复杂的过程。人类社会起初是一种简单的结构，社会的同质性和综合性较高。随着社会规模的扩大，社会由单一结构变为多元结构、由同质性结构变为异质性结构。随着社会结构的分化，社会各部分的功能也出现分化，即分化出功能互不相同的部门。尽管各部门的功能不同，但是各部门之间的功能联系和相互依赖性大大增强，于是社会形成一个更加复杂的、整体性的社会有机体。在斯宾塞看来，社会变迁就是增长和进化，其根本机制就是分化。

社会进化论思想在我国清末民初很为风行，成为锐意改革、推翻帝制、批判封建主义旧礼教旧文化的有力武器。

7. 社会均衡论

社会均衡论的一般观点：

社会均衡论是西方社会学思想中颇具影响力的观点。19世纪后期，英国经济学家马歇尔和社会学家斯宾塞的著作中都使用了社会均衡概念，其含义是指社会生活在功能上保持一种整合的趋向。社会体系中某一部分的变迁都会给别的部分带来相应的变迁，其结果最后是社会趋于平衡。这种平衡论思想逐渐形成了社会均衡论的观点。社会均衡论的代表人物是意大利社会学家帕雷托和美国社会学家帕森斯等。

社会均衡论20世纪40—50年代在西方社会学界很盛行，这也是当时资本主义社会一时经济稳定的反映。社会均衡论只看到了社会均衡的一面，实际上社会经常是在各种矛盾冲突中前进的。

帕雷托的社会均衡论：

帕雷托主要研究均衡理论。他认为任何社会系统主要有四个方面的特征：经济生产力的水平、政治权力的分布状态、意识形态的性质、不平等的模式。如果社会系统的某一方面特征的变化是充分的，整个社会系统就将相应地发生变化，以达到一种新的均衡；如果社会系统某一方面变化不充分，它就要受到来自社会系统其他方面的压力，使社会系统维持原来的均衡状态。

帕森斯的社会均衡论：

帕森斯的社会学理论是企图构造能解释宏大社会系统的结构和功能的理论。他的整个理论被称为结构功能理论，即认为任何社会系统内部都分为承担不同功能的部分（结构），这些部分相互调适、联合供职，就会维持社会系统的正常运行。这一理论在解释社会系统的变化上就称为社会均衡论。该理论认为，任何社会系统都由四个子系统组成，它们是：①负责适应外部变迁的子系统（A），基本上指经济和生产系统；②负责达致系统目标的子系统（G），基本上指政治系统；③负责系统内部整合的子系统（I），基本上指法律和规范系统；④负责维持整个系统生存模式的子系统（L），主要指文化教育系统。这就是帕森斯的AGIL理论。

在帕森斯看来，当外部环境发生变化时，社会系统首先是适应子系统做出反应，适应环境的变化。接着，其他子系统也会相应地做出调整，并在相互作用中维持社会系统的稳定。这些子系统在结构和功能上相互配合，就能使该社会系统处于相对稳定状态。因此，社会系统的总趋势是系统内部的均衡。在均衡的状态里，社会体系是和谐而无冲突的，体系内的变迁是缓慢而有秩序的。

8. 马克思的阶级冲突论

马克思认为，自人类进入阶级社会以来，阶级斗争就成为社会的主要现象。在奴隶社会、封建社会和资本主义社会，以生产资料占有和由此带来的剥削－被剥削关系充斥着整个人类发展史，是阶级斗争推动了社会形态的替代，阶级斗争成为社会变迁的基本动力。而阶级斗争的基础是生产资料的私人占有，以及生产力与生产关系之间的永久性矛盾。

9. 社会规划的特点

第一，以人为中心。社会规划是对某一范围内人类活动及其后果的理性设计。社会规划是从综合的角度对人类活动进行影响，它关注的是各种活动之间的协调及实现是否符合社会进步要求的共同目标。因此，社会规划是以人为中心的规划，是对人类活动的社会意义的关注。

第二，以经济－社会发展为内容。从更具体的角度来讲，社会规划一般表现为对某一地区（常常是行政区）的经济与社会发展的规划，或者是对某一重大经济和社会发展项目的规划。在这些规划中，社会学者、规划和发展专家不是独自地规划，而是与其他方面专家一起讨论和设计，并在总体规划中体现以人为本，实现社会发展目标的要求。

第三，政府和社会力量共同参与。人们常常认为社会规划是政府官员、技术官僚的事，因为他们不但掌握进行规划所需要的信息、技术，而且具有实施规划的权力，事实上也确实如此。为了防止出现问题，国际上大力倡导参与式规划，即广泛地吸引各方面人士、民众以及非政府组织参与社会规划的制定，收到了很好的效果。

10. 全球发展理论及其警示

罗马俱乐部，成立于1968年，由意大利企业家佩切伊和英国科学家金共同发起组织。约100名科学家、社会学家、经济学家和计划专家参与其中进行研究，是一个民间的、以研究全球发展问题为主的机构，其学术成果和影响赢得了世界的瞩目。较著名的研究报告有：《增长的极限》《人类处在转折点上》《重建国际秩序》《超越浪费的时代》《人类的目标》《学无止境》《微电子学和社会》等。罗马俱乐部把全球看成一个整体，提出了各种全球性问题相互影响、相互作用的全球系统观点；它极力倡导从全球入手解决人类重大问题的思想方法；它应用世界动态模型从事复杂的定量研究。这些新观点、新思想、新方法，表明了人类已经开始站在新的、全球的角度来认识人、社会和自然的相互关系。它所提出的全球性问题和开辟的全球问题研究领域，标志着人类已经开始综合地运用各种科学和知识，来解决那些最复杂并属于最高层次的问题。

《增长的极限》这个报告一经推出，就在全世界的学术界和思想界引起极大的震动。《增长的极限》的中心论点是：人口的增长、粮食的生产、投资的增加、环境的污染和资源的消耗都具有一种指数增长的性质，也就是说，过一段时期，就增加一倍，如果这个趋势持续下去，我们这个星球上的经济增长在今后100年内的某一时期会达到极限，原因就在于一个简单的事实——地球是有限的、空间是有限的、资源是有限的，地球吸收污染物的程度也是有限的。

这个报告运用系统动态分析法，对整个世界进行了测算，认为地球资源的局限性（包括农业可利用的面积在内）与人口日益增长的需求之间所构成的矛盾，将在 21 世纪中期引发一场全球性危机。作为解决这一危机的不二法门，报告中提出了一个"全球平衡"的概念。据此，他们提出了停止增加世界人口、限制工业生产发展、把地球资源的消耗量减少 7/8 的倡议。

《增长的极限》作者的分析，给过去盲目乐观发展、无限浪费资源、工业的严重污染敲响了警钟，这是非常及时的。但该报告的缺点是对于人类的发展变化的可能性认识不足，因为该报告的假定是建立在社会经济发展不变的基础上的。因此《增长的极限》的作者提出的"限制增长"的方针也是不现实的。

《人类处在转折点上》的作者通过大量的资料、数据，定性而又定量地描绘了 2025 年前人类发展的前景。他们借助计算机分析模型，指出人类盲目追求经济增长所带来的能源、原料、粮食、生态环境等方面的一系列问题及其严重后果，提出人类社会应当从盲目追求经济增长转向有序增长，以避免人类的自我毁灭。该报告意在针对"极限"的悲观结论提出更多的办法来解决危机并寻求预防的途径。研究结果认为威胁世界的不是全球性危机而是一系列区域性灾难。报告中提出了"有机增长"的概念，或称为各系统因素分化发展。

罗马俱乐部的研究报告，最初显示出作者对人类社会发展前途的悲观论调，但他们分析问题的一些科学方法为研究全球发展问题提出了一些宝贵的探索途径。

11. 社会发展战略

第一，经济增长第一战略。第二次世界大战后，一大批殖民地独立。由于经济落后，集中力量发展经济就成为这些国家的首要选择。在这一时期，发达国家出于增强国力和国际竞争的目的，也把经济增长放在第一位。人们把世界范围内出现的各国以经济增长，特别是国民生产总值增长放在首要位置甚至作为唯一目标的发展战略称作经济增长第一战略（或传统发展模式）。这种做法虽然推动了这些国家或地区经济的快速增长，但是对经济结构是否合理，经济增长与社会发展的关系、经济增长与财富分配的关系、经济发展的可持续性问题较少考虑，于是就出现了"没有发展的增长"的现象，即经济增长了，社会却没有发展。

这种发展战略带来的主要问题是：未能满足人们尤其是穷人的基本需要，而且造成了贫富两极分化，收入分配差距拉大造成严重的不平等；过度开发自然资源，造成了严重的环境破坏，人类与环境的关系恶化；经济增长了，但对于社会设施、社会福利的投入不足，广大人民的福祉并没提高。在经济发展与社会发展的关系上"先经济后社会"，在人类与环境的关系上"先破坏后治理"就是经济增长第一战略的写照。随着问题的严重化，人们开始对这一发展战略进行反思，罗马俱乐部的报告就是这种反思的代表。但是由于国内贫困、国际竞争等多方面的原因，这种发展战略并没有被普遍抛弃，现在许多国家和地区还在不同程度地实行。发达国家可能要在帮助发展中国家走出经济增长第一战略方面提供更多帮助。

第二，基本需求战略。基本需求战略是国际劳工组织 1976 年在关于就业、收入分配与社会进步的国际分工问题世界会议上提出来的，其基本主张是发展中国家应该把满足人们，特别是贫困人口的基本需求作为重点。这一发展战略认为，一个国家的发展战略首先要满足人们的基本需求，包括满足每个人在吃、穿、住等方面的最低需求，使其得到基本的服务。

基本需求战略的发展观是从追求经济增长向注重社会发展和满足人们基本需求转移。由追求经济增长转向以人为中心和社会的全面进步，它强调的是经济发展的效果即社会效益。基本需求战略的思想是合理的，也成为许多国际组织的政策目标，是发展中国家解决经济社会发展问题的战略。

第三，可持续发展战略。可持续发展概念最早由世界自然保护联盟、联合国环境规划署等于1980年明确提出。1987年由布伦特兰夫人担任主席的联合国世界环境与发展委员会正式提出和系统阐述了"可持续发展"概念，该委员会在《我们共同的未来》报告中把可持续发展定义为"既满足当代人的需要，又不对后代人满足其需要的能力构成危害的发展"。可持续发展的思路得到人们的广泛接受，并在1992年联合国环境与发展大会上取得共识。可持续发展的核心思想是经济发展、保护资源和保护生态环境要协调一致，让子孙后代能够享受充分的资源和良好的资源环境。

可持续发展战略的内容丰富，包括可持续的经济发展、自然资源的合理开发与保护、可持续的社会发展、可持续的人口发展等内容。可持续发展已经成为国际共识，但在实践中还存在许多问题。1997年，中共十五大把可持续发展战略确定为我国现代化建设中必须实施的战略，目前已经取得较为显著的成效。

12. 中国百余年来的社会变迁

以马克思主义的社会变迁理论来解释，可以得出以下几点认识：① 社会变迁是一个有规律的发展过程，是俗话所说的"大势所趋"。这不是任何个人随心所欲，凭个人意志可以左右的"大势"。② 我国近代的社会变迁经历了一百多年的极其错综复杂的社会变迁过程，大体上是符合马克思主义所论证的社会变迁过程的。③ 我国这场伟大的社会变迁的过程，如果没有马克思主义理论的指导，没有中国共产党的领导，是无法进行的。这场变迁实际上也是一场连续不断的政治、经济和社会革命。④ 这是一场千古未有的伟大的社会变迁。整个社会结构都进行了一次重新组合，社会制度、人们的社会地位、社会价值观、角色模式都进行了彻底的更新。⑤ 这场社会变迁至今仍未结束，变迁的最后目标仍未充分达到。虽然大可期待，却还要付出巨大的艰辛和努力。

三、综合练习

（一）单项选择题

1. 一个社会在社会结构方面发生的社会制度和人们的生活方式、社会角色模式变化的过程是指（   ）。

    A. 社会进化　　　　　　　　　　B. 社会进步

    C. 社会革命　　　　　　　　　　D. 社会变迁

2. 社会变迁最直白、最具体的表征是（　　　）。

    A. 经济变了　　　　　　　　　　B. 政治变了

    C. 社会变了　　　　　　　　　　D. 文化变了

3. 一种急剧的、对整个社会进行根本改造的社会变迁形式是（　　　）。

    A. 社会进步　　　　　　　　　　B. 社会革命

    C. 社会进化　　　　　　　　　　D. 社会倒退

4. 在生产方式中最重要的因素是（　　　）。

    A. 上层建筑　　　　　　　　　　B. 经济基础

    C. 生产力　　　　　　　　　　　D. 生产关系

5. 被称为"第一生产力"的要素是（　　　）。

    A. 劳动工具　　　　　　　　　　B. 劳动手段

    C. 劳动能力　　　　　　　　　　D. 科学技术

6. 引起社会变迁最原始的因素之一是（　　　）。

    A. 人口的变动　　　　　　　　　B. 文化的变迁

    C. 社会生产力的变动　　　　　　D. 价值观念的变化

7. 我们研究社会变迁的指导思想是（　　　）。

    A. 马克思主义的社会变迁理论　　B. 历史循环论

    C. 社会进化论　　　　　　　　　D. 社会均衡论

8. 认为社会、历史的活动和发展是有规律可循的，这种规律就是按照产生、增长、衰落和死亡的历史轨迹循环往复的理论是（　　　）。

    A. 历史循环论　　　　　　　　　B. 社会进化论

    C. 社会均衡论　　　　　　　　　D. 社会冲突论

9. 20 世纪 40—50 年代在西方社会学界盛行的社会变迁理论是（　　　）。

    A. "生物有机体"说　　　　　　　B. 社会进化论

    C. 社会均衡论　　　　　　　　　D. "文化类型"说

10. 认为"社会是从简单到复杂、由低级到高级的直线式发展"的理论是（　　　）。

    A. 历史循环论　　　　　　　　　B. 社会进化论

    C. 社会均衡论　　　　　　　　　D. 社会冲突论

11. 认为"世界文化发展的历史总是像钟摆一样，从一个极端走向另一个极端"的理论是（　　　）。

    A. "生物有机体"说　　　　　　　B. 马克思理论学说

    C. "社会和自然环境压力"说　　　D. "文化类型"说

12. 社会规划的设计理念是（　　　）。

A. 以人为中心 B. 以经济发展为中心

C. 以政府管理为中心 D. 以文化传承为中心

13. 罗马俱乐部1972年发表的第一个研究报告是（   ）。

A.《人类处在转折点上》 B.《增长的极限》

C.《重建国际秩序》 D.《人类的目标》

14. 人们把世界范围内出现的各国以经济增长，特别是国民生产总值增长放在首要位置甚至作为唯一目标的发展战略称作（   ）。

A. 经济增长第一战略 B. 基本需求战略

C. 优先发展战略 D. 可持续发展战略

15. 国际劳工组织1976年在关于就业、收入分配与社会进步的国际分工问题世界会议上提出来的发展战略是（   ）。

A. 经济增长第一战略 B. 优先发展战略

C. 基本需求战略 D. 可持续发展战略

16. "能满足当代人的需要，又不对后代人满足其需要的能力构成危害的发展"的发展战略是（   ）。

A. 经济增长第一战略 B. 基本需求战略

C. 优先发展战略 D. 可持续发展战略

（二）多项选择题

1. 社会变迁的类型包括（   ）。

A. 整体社会变迁 B. 社会进步

C. 社会进化 D. 社会革命

E. 有计划的社会变迁

2. 促使社会变迁的因素包括（   ）。

A. 自然环境的变化 B. 人口的变动

C. 文化、科学技术的发展 D. 社会生产力的变动

E. 价值观念的变化

3. 马克思主义关于社会变迁的经典理论包括（   ）。

A. 社会的变迁，归根结底是由社会的经济基础发生变动而引起的

B. 随着社会经济基础的变动，全部庞大的上层建筑也或快或慢地发生变革

C. 政治制度的建设

D. 生产力的发展，促使生产方式和社会关系发生改变

E. 上层建筑对经济基础的反作用

4. 历史循环论的主要理论有（   ）。

A. 马克思主义的社会变迁理论 B."生物有机体"说

C."社会和自然环境压力"说　　　　　D."文化类型"说

E."社会进化"说

5.我国清末民初受社会进化论思想影响,锐意改革、推翻帝制、批判封建主义旧礼教旧文化的革命代表人物包括（　　　）。

A.谭嗣同　　　　　　　　　　B.康有为

C.梁启超　　　　　　　　　　D.章太炎

E.孙中山

6.社会均衡论认为组成社会大系统的子系统有（　　　）。

A.经济和生产系统　　　　　　B.政治系统

C.法律和规范系统　　　　　　D.文化教育系统

E.地理与自然环境系统

7.社会规划的特点包括（　　　）。

A.以人为中心　　　　　　　　B.以政治管控为中心

C.以经济 - 社会发展为内容　　D.政府和社会力量共同参与

E.以文化传承为落脚点

8.罗马俱乐部发表的研究报告包括（　　　）。

A.《增长的极限》　　　　　　B.《人类处在转折点上》

C.《第三次浪潮》　　　　　　D.《人类的目标》

E.《学无止境》

9.社会发展战略包括（　　　）。

A.经济增长第一战略　　　　　B.基本需求战略

C.优先发展战略　　　　　　　D.人类文明发展战略

E.可持续发展战略

（三）重要名词

社会变迁　社会进化　社会革命　社会进步　社会倒退　社会规划

（四）思考题

1.什么是社会变迁？试述其类型。

2.简述马克思主义的社会变迁理论。

3.试述社会进化论的基本内容。

4.试述社会均衡论的基本内容并予以评价。

5.什么是社会规划？社会规划的特点是什么？

6.试述可持续发展战略的内容。

四、综合练习参考答案

（一）单项选择题

1. D	2. C	3. B	4. C	5. D	6. B	7. A
8. A	9. C	10. B	11. D	12. A	13. B	14. A
15. C	16. D					

（二）多项选择题

| 1. ABCDE | 2. ABCDE | 3. ABDE | 4. BCD | 5. ABCDE | 6. ABCD | 7. ACD |
| 8. ABDE | 9. ABE | | | | | |

（三）重要名词

1. 社会变迁　（答案参见重要名词、术语 1）
2. 社会进化　（答案参见重要名词、术语 2）
3. 社会革命　（答案参见重要名词、术语 3）
4. 社会进步　（答案参见重要名词、术语 4）
5. 社会倒退　（答案参见重要名词、术语 5）
6. 社会规划　（答案参见重要名词、术语 10）

（四）思考题

1. 何谓社会变迁？试述其类型。（答案参见重要名词、术语 1，重要理论和难点 1）
2. 简述马克思主义的社会变迁理论。（答案参见重要理论和难点 4）
3. 试述社会进化论的基本内容。（答案参见重要理论和难点 6）
4. 试述社会均衡论的基本内容并予以评价。（答案参见重要理论和难点 7）
5. 什么是社会规划？社会规划的特点是什么？（答案参见重要名词、术语 10，重要理论和难点 9）
6. 试述可持续发展战略的内容。（答案参见重要理论和难点 11）

第十三章　社会现代化

一、重要名词、术语

1. 社会现代化

社会现代化是欧洲工业革命引起的、逐渐在世界范围内出现的、以工业化为基础、新的社会生活或组织模式的形成过程，是从"传统社会"向新型的"社会生活或组织模式"转变的过程。社会现代化有三个特征：① 社会现代化是社会的全面的革新、全面的现代化，内容涉及社会生活的各个方面，包括物质建设、精神建设、社会建设以及个人思想、行为等方面的现代化。② 社会现代化，必须以现代文化、现代科学技术为后盾，科学技术不发达，文化教育不发达，就不具备现代化的基本条件。③ 社会现代化不是一时一国的追求，而是全球性的长远追求，一个国家要善于开发和利用各种条件，不断进取，才能完成这项任务。

2. 城市化与城式化

城市化表示一个国家的社会经济关系、人口、生活方式等由农村型向城市（或都市）型转化的过程。城市化包括三个方面：① 产业结构由农业型经济转变为工业型经济；② 人口向城市集中，城市人口比重增大；③ 社会生活向都市型状态转变。三个指标的综合表现都是地域的扩大、市镇数目的增多。"urbanism"一词可以有不同的理解：既可以理解为城市化，与"urbanization"同义；也可以理解为城市性，指一个社区发展成具有城市的特征、城市的性质的社会；还可以理解为"城式化"，即一个农村社区，其工业、人口等不必一定集中于城市，而在本社区就可以适当发展，使本社区城市式的条件，特别是生活方式转变为具有现代化城市生活水平。物质和精神生活条件、健康、文化生活水平与城市差距缩小。这就扩大了原来城市化的含义。因此"urbanism"可以称为"城式化"，城式化也体现了中国式城市化的特点。

3. 全球发展理论

全球发展理论是由罗马俱乐部提出的。罗马俱乐部把全球看成一个整体，提出了各种全球性问题相互影响、相互作用的全球系统观点；它极力倡导从全球入手解决人类重大问题的思想方法；它应用世界动态模型从事复杂的定量研究。这些新观点、新思想、新方法，表明了人类已经开始站在新的、全球的角度来认识人、社会和自然的关系。它所提出的全球性问题和开辟的全球问题研究领域，标志着人类已经开始综合地运用各种科学知识，来解决那些最复杂并属于最高层次的问题。

4."后工业社会"理论

美国社会学家贝尔提出了"后工业社会"的概念。贝尔认为"后工业社会"具有五个特征：① 经济方面，从产品生产经济转变为服务性经济；② 职业分布，专业与技术人员阶级处于主导地位；③ 中轴原理，理论知识处于中心地位，是社会革新与制定政策的源泉；④ 未来的方向，控制技术发展，对技术进行鉴定；⑤ 制定决策，创造新的"智能技术"。

5.罗马俱乐部

罗马俱乐部是一个民间的、以研究全球发展问题为主的机构，成立于 1968 年，由意大利著名企业家佩切伊和英国科学家金共同发起组织。罗马俱乐部把全球看成一个整体，提出了各种全球问题相互影响、相互作用的全球系统观点。它极力倡导从全球入手解决人类重大问题的思想方法。它应用世界动态模型从事复杂的定量研究，综合运用各种科学和知识解决那些最复杂并属于最高层次的问题。罗马俱乐部在研究人类社会发展前途上持悲观态度。

6.综合国力

评价社会发展，过去的偏向是只以国民生产总值一种经济指标作为标准，这样得不到一个国家或社会全面发展的正确的结论。多年来，各国不少学者和联合国开发计划署等，研究出不少方法来解决这一问题，如物质生活质量指数（Physical Quality of Life Index，PQLI）、社会进步指数（Index of Social Progress，ISP）、人类发展指数（Human Development Index，HDI）等各种综合指标方法。这些综合指标各有特点，且有特殊范围的用途。

二、重要理论和难点

1.社会现代化的内涵

第一，社会现代化是工业化引起的社会变迁。工业化和工业社会与传统的农业社会有本质上的差异，工业化带来社会分工的加剧、社会异质性加强、社会结构分化和社会结构的复杂化。

第二，由工业化导致的社会变迁是全面和深刻的。它不但影响经济，而且影响政治、社会生活和精神生活，是全面的社会变迁或整体社会变迁。社会现代化是社会全面的革新、全面的现代化。

第三，社会现代化以近现代科学技术的发展为基础。科学技术的发展、新的生产力发展、文化教育发展是现代化的动力。随着科学技术的发展，现代化进程也在加快。

第四，社会现代化的根本表现是人们生活方式的变化。在工业革命的推动下，社会的组织方式、人们的生活方式与农业社会相比发生了很大的变化，这种新的社会组织方式对个人和社会发展产生了复杂影响。

第五，社会现代化是一个全球性发展过程。现代化把整个世界裹挟其中，于是发生了现代化进程中国家之间、地区之间关系的变化。

基于上述原因，我们必须在过程之中理解社会现代化。它是人们有计划地追求自己生活改善的过程，也是人们不能完全把握的过程。

2. 社会现代化问题提出的意义

第一，它是第二次世界大战后发生的重大社会现象，需要研究和实践。

第二，它是一个牵涉整个世界，包括发达国家和发展中国家的新问题。现代化并不等于西方化。各国的现代化进程不同，可以相互比较和借鉴。

第三，它是一个深入涉及每个国家各社会集团、社会阶层、个人生活的各个方面，既包括人们的物质生活，又包括人们的精神生活的问题，需要予以关注。

第四，它是世界各国尤其是广大发展中国家持续致力解决但又充满矛盾的发展过程，是实践和理论研究的集中关注点。

第五，它是社会学学科发展的一个新领域，是社会学应用最全面、最实际的落脚之处。

3. 社会现代化的基本内容

第一，以工业化为核心的经济现代化。经济现代化是社会现代化的基础与核心。经济现代化包括经济活动的整个过程的现代化，即生产、流通、交换、分配、消费的现代化，这些都是人们的活动领域。

第二，政治现代化。工业社会必然带来一定的权力分化和民主化，现代国家政权的建立和政治民主化是政治现代化的基本内核。

第三，文化与科学技术的现代化。社会现代化首先是科学技术的发展。此外，文化教育也要现代化。

第四，组织管理现代化。工业社会、现代社会对社会成员的组织方式不同，它更强调组织活动的目的性和组织运行的效率，因此组织管理现代化是社会现代化的具体内容。

第五，价值观念的现代化。工业化、科学技术的发展给人们的价值观念和意识形态带来重要影响，价值观念也存在现代化问题。

第六，人的现代化。人是社会的主体，社会现代化应该以社会成员的现代化作为支撑，社会现代化应该将更多的注意力放在人的现代化上。如果人的素质不高，便不能完成现代化的任务。

社会现代化是人类社会发展的新阶段，但是并不代表现代化一定具有进步意义，它可能会给人类、社会群体带来复杂的影响。

4. 马克思关于社会现代化的观点

马克思从两个方面研究过社会现代化。一方面是他关于人类社会发展的进程和规律的研究。他指出了人类社会形态发展的基本规律：原始社会—奴隶社会—封建社会—资本主义社会—共产主义（或社会主义）社会。马克思关于工业革命带来的经济领域的变化、对社会结构和社会关系的影响以及对"市民社会"的看法，都可以看作是对现代化进程及其影响的认识。另一方面是马克思对于非欧洲不发达国家发展的关注。他在致《祖国纪事》杂志编辑部的信中告诫人们，不要把他对西方资本主义成长的论述转化成设定有许多普遍法则的一般历史哲学，将这些法则不加区别地到处乱用。马克思对现代化的分析，至今仍具有重要意义。

5. 现代化趋同论

现代化趋同论认为，现代化是所有社会、民族都将经历的发展过程，尽管各国的国情不同，起点也不尽相同，发展的具体道路和方式可能会各有不同，但是只要进行现代化，它们都会经历同样的阶段，并形成大体相同的社会特征，即经济上的工业化、政治上的民主化、组织管理上的科层化、城市化和文化的世俗化。

按照这种看法，发达国家与不发达国家之间在经济、社会发展水平上的差距只是现代化这一普遍发展道路上不同发展阶段之间的差距，因为它们处在现代化进程的不同发展阶段。只要不发达国家虚心向发达国家学习，其最终就会变成和发达国家一样的现代化国家。现代化趋同论的理论基础是工业化和科学技术发展的客观性，不能说它的观点没有任何道理和现实基础。但是，它忽视了文化因素、社会制度的作用，其明显的西方化倾向也受到批评。

6. 依附理论

依附理论产生的背景：

西方国家自18世纪资本主义制度建立，在工业日趋发达的情况下，流行着"西方中心论"的思想。依附理论就是对"西方中心论"的一种批判。

在经济增长第一战略的指导下，联合国执行的"第一个发展十年（1960—1970年）"和"第二个发展十年（1970—1980年）"在许多贫困国家收效甚微，这就使人们认识到"西方化"不等于"现代化"，"西方化"恰恰是被纳入世界资本主义体系，沦为西方发达国家经济附庸的道路和过程。"西方化"不仅不会使贫困国家实现现代化，反而会使其在西方发达国家的主导下，形成不合理的国际分工，进而使本国的现代化路程越来越远，"西方化"成了本国现代化的阻碍。因此，改革并建立新的世界经济格局便被提上日程。在这样的历史背景下，依附理论应运而生。

依附理论的主要观点：

最早提出建立一种以平等和公正为基础的新的世界经济格局看法的是阿根廷经济学家、社会学家普雷毕什。他认为：世界经济是一个体系，这个体系是由中心国家（西方发达国家）和边陲国家（非西方不发达国家）两部分构成的。中心国家和边陲国家之间的经济关系是不平等的，中心国家通过不公平的贸易条件剥削后者，是导致后者不发达的根本原因。到20世纪60年代，随着西方发达国家实施"经济增长第一"战略后出现严重问题，荷兰学者弗兰克等建立了依附理论。

弗兰克引申了"中心－边陲"的概念，认为"中心"也可以称作"宗主"，"边陲"也可以称作"卫星"，宗主与卫星的关系，不仅存在于发达国家与不发达国家之间，也存在于卫星国之内的不同地域之间，后者是前者的翻版。这样，从宗主国直到卫星国的最基层部分就形成一种连锁关系，西方发达国家的控制力量就能渗透到卫星国的每一个角落。因此，弗兰克主张不发达国家只有脱离与西方发达国家的联系，才能摆脱"不发达"状态。

依附发展理论：

20世纪70年代巴西社会学家卡多索等也用"依附"来解释不发达国家的落后状态，但并不认为处于"依附"状态下的不发达国家完全没有发展起来的希望。卡多索认为，只要把外资、本国资本和国家力量三者合理地结合起来，不发达国家就有可能实现经济增长，形成"依附性发展"。这种"依附性发展"虽然不能改变不发达国家经济的依附性结构，但可以为最终摆脱依附开辟道路。

总的来说，依附理论属于现代化理论的马克思主义派别。依附理论对要摆脱传统社会到达现代社会只有走西方现代化模式的理论予以严厉批评，并认为不发达国家之所以不发达是由于世界形成依附结构造成的。这些论证是对"西方中心论"论点的批判，对那些不发达国家的人如何看待不发达问题、如何走正确的发展道路，显然是一个新的分析观点。但这种理论相比马克思主义对于帝国主义的理论分析仍显得较为表面和肤浅。从发展中国家现代化的实践看，这种理论是务实的，具有积极意义，但如何才能摆脱与宗主国的联系，能不能摆脱与宗主国的联系，是一种难以实现的理想，这也是依附理论的最后难题。

7. 世界体系论

世界体系论由美国社会学家沃勒斯坦提出。世界体系论用体系的观点来审视整个世界及其各部分的发展与变化。它改变了依附理论的"中心 – 边陲"观，指出世界是一个整体，是一个"世界资本主义经济体系"，而发达国家与不发达国家都是这个体系中的要素。资本主义世界体系以国际分工和世界贸易为基础。世界体系论认为在整个世界体系内，西方发达国家是通过经济联系和不平等的贸易来剥削和掠夺不发达国家的。世界体系论与依附理论都以世界为整体来分析问题，不过二者的角度和方法稍有不同，因此，可以认为世界体系论是对依附理论的补充和发展。

8. 中国社会现代化的目标

中华人民共和国成立后，第一个五年计划提出要建立拥有独立的、比较完整的并有一部分达到现代化水平的工业体系和国民经济体系。这是中国建设的起步阶段，也是以经济发展为主要内容的现代化。

1956年中共八大通过的党章指出：中国共产党的任务，就是有计划地发展国民经济的技术改造，使中国具有强大的现代化工业、现代化农业、现代化的交通运输业和现代化的国防。

1963年周恩来同志明确提出：我们要实现农业现代化、工业现代化、国防现代化和科学技术现代化。这是中国关于建设"四个现代化"的最早表述。

1977年，中共十一大再次认定：在本世纪内，党要领导全国各族人民把我国建设成为农业、工业、国防和科学技术现代化的社会主义强国。

进入 21 世纪后，中共中央提出加强重要领域建设的战略部署，提出科学发展观，中共十六届六中全会把原来的经济建设、政治建设、文化建设，扩展为经济建设、政治建设、文化建设、社会建设，到后来又扩展为经济建设、政治建设、文化建设、社会建设和生态文明建设，社会现代化的结构更加完整。

中共十九大做出了"中国特色社会主义进入新时代，我国社会主要矛盾已经转化为人民日益增长的美好生活需要和不平衡不充分的发展之间的矛盾"的重大判断，提出 2020 年到 2035 年基本实现社会主义现代化，2035 年至 21 世纪中叶建成社会主义现代化强国的目标。可以说，现在中国的现代化建设框架已经是一个比较科学和完整的社会现代化的蓝图。

9. 中国社会现代化实践的特点

第一，政治制度对经济发展的指导。中国社会现代化实践一直坚持中国共产党的领导，在社会主义的制度框架下从事经济建设、推进经济现代化，政治架构一直是推动经济发展的重要力量。

第二，实行先经济后社会的现代化策略。鉴于中国的不发达国情，不得不把发展经济作为首要目标，包括在一段时间内实行经济增长第一战略，之后再加强社会建设。

第三，经济发展、社会开放与社会秩序相结合。改革开放以来，"发展是硬道理，稳定压倒一切"一直成为改革开放中处理发展与稳定关系的基本原则。这既是对国内外现代化经验和教训的借鉴，也是现实的要求。

第四，利用政策的力量和政治架构的优势进行社会动员。无论是计划经济时期还是改革开放时期，作为国家领导核心的中国共产党都有效地将国家发展与解决人民的需要结合起来，利用政策的力量和政治架构的优势，进行广泛的社会动员，推动现代化发展。

第五，对外开放而不依附。改革开放以来，中国一直坚持对外开放，积极参与和推动全球化。在这一过程中实现合作而不依附，保持了自主发展的基调。

第六，强调自力更生和创新。在现代化建设中，无论国际环境如何变化、全球经济发展如何曲折，中国一直坚持自力更生和自主创新。

10. "后发展"国家的优势和困难

对现代化模式的划分，要分析不同国家，特别是"后发现代化"国家的优势和困难。美国社会学家列维进行了此类研究，认为现代化的"后来者"的优势包括：① 它们的发展和行动方向是明确的，因为可借鉴"早发展"国家的经验教训；② 可以直接采用和借鉴"早发展"国家的技术和其他经验；③ 可能会实现跳跃性发展；④ "后发展"国家的领袖可以通过展示"早发展"国家取得的成绩而增强自己的领导力；⑤ 可以从已实现现代化的国家获得资本和技术上的帮助。

列维同时认为，"后发展"国家也面临许多困难：① 必须在相当大的范围内处理许多事情；② 必须大量使用自己的生产能源，发展先进技术，以接近"早发展"国家已有的水平；③ 要不断缩小同"早发展"国家之间的差距，否则会引起人民的失望。列维认为，"后发展"国家要进行现代化必须发挥国家在现代化进程中的重要作用。

美国政治学家亨廷顿认为，由于发展中国家内部存在许多社会问题，现代化发展又包含利益分配，所以，政治稳定和社会秩序稳定是这些国家需要处理的基本问题。

就我国而言，上述学者所说的优势和困难都不同程度地存在。在40多年的改革开放中，党和政府利用政治优势，进行社会动员，统筹解决各方面的问题，既有效地改善了民生，也维护了社会秩序的稳定，现代化比较成功。

11. 中国社会现代化需要处理的重大战略问题

第一，经济的持续健康发展。经济现代化仍是中国社会现代化的基本支撑点，正如习近平同志所指出的：中国经济发展进入新常态，必然从高速增长转向中高速增长，从结构不合理转向结构优化，从要素投入驱动转向创新驱动，从隐含风险转向面临多种挑战。这里涉及产业结构调整和经济发展速度下行的问题，涉及就业、人民生活水平提高乃至社会稳定等重大结构性问题，需要认真处理好。

第二，人民日益增长的美好生活需要和不平衡不充分的发展之间的矛盾的处理。40多年来，中国人民生活水平普遍得到明显提高，也带来了更高的期望和需要。中国的社会财富增加了，但贫富差距很大。这样在需要与满足能力、发展与分配之间会形成巨大张力，处理好了是发展动力，处理不好会使社会秩序不稳。

第三，城市经济体系发展和乡村振兴问题。改革开放以来，适应全球化发展的需要，中国基本上形成了以城市经济体系为主的城乡关系格局。继续强化城市经济体系是参与全球竞争、实现社会现代化的必然要求，但是中国农村问题也不能漠视。"乡村振兴"成为中国解决经济社会问题的一个重要选择，但是"三农"问题的解决需要大量投入，通过"乡村振兴"实现良性的城乡关系，这是需要认真处理的。

第四，切实处理好发展与稳定的关系。改革开放以来，特别是改革开放之初，中国的经济体制改革基本实现了"帕雷托改变"，即在无人受损的情况下人民普遍受益。当今和往后在市场化改革深入的过程中，将会因资本、技术、劳动参与机会等因素而产生更加明显的社会分化。怎样将这种利益分化、贫富分化控制在可容忍的范围内，以维护社会稳定，需要认真设计和实施科学的经济发展政策与社会政策。

第五，形成合理的、符合现代化社会要求的社会结构。现代化社会要有合理的社会结构做支撑。一方面，政府和社会都认同建设橄榄形社会结构，扩大中等收入群体，这需要较充分的就业、持续增长的收入和合理的利益分配机制作为保障。另一方面，要增强社会的活力，真正处理好政府与社会的关系，从行政化社会秩序向以公民素质提高为基础的社会秩序转变。

第六，处理好对外开放与优秀传统文化保持的关系。改革开放促进了中国经济的发展，也带来了许多新思想、新思潮，它们有的成为社会发展的推动力量，有的则对中国传统文化提出挑战。中国传统文化是以人为本的平和文化，是一种生活文化，它符合人类发展的根本要求。中国在现代化进程中要有所作为地保持自己的优秀传统文化。

12. 发达国家和发展中国家

所谓发达国家或发展中国家，只是粗略地用于划分比较富有或比较贫穷国家的名称。最通常的区分是按人口计算国民生产总值，但是人均收入本身并不决定一国发达与否，创造收益的工业基地的存在或发展同等重要。世界上有些人均收入较高的国家是较富有的石油输出国，如沙特阿拉伯和科威特，但它们缺乏广大的工业基地，一般被认为是发展中国家，而不是发达国家。可见发达或不发达还要看一些综合指标，不能单看人均收入。

13. 社会主义现代化与资本主义现代化的异同

从形式上看，无论哪一种现代化，都是采用现代科学技术来发展经济，但从实质上看，二者有着极大的差别：

第一，从实现社会现代化的目标来看，资本主义现代化只强调物质现代化，目标是发达资本主义社会模式，其特点是高生产、高工资、高消费、高剥削、高物价、高债务和高度精神空虚，而社会主义现代化在强调建设物质文明的同时，也强调建设精神文明，这才是全面的、理想的、真正的现代化。

第二，从实现现代化的基础来看，资本主义现代化是建立在生产资料私有制基础之上的，现代化的命运掌握在资本家手中，而社会主义现代化是建立在生产资料公有制基础上的，现代化的命运掌握在生产者手里。

第三，从实现现代化的道路来看，资本主义现代化是通过对本国劳动人民的残酷剥削和对其他国家人民的疯狂掠夺，特别是依靠侵略战争、殖民化实现的，而社会主义现代化则不能靠剥削和掠夺，只能依靠解放生产力、先进的科学技术和全国人民的勤奋努力来实现。

三、综合练习

（一）单项选择题

1. 欧洲工业革命所引起的、逐渐在世界范围内出现的、以工业化为基础、新的社会生活或组织模式的形成过程，是从"传统社会"向新型的"社会生活或组织模式"转变的过程是指（   ）。

    A. 社会变迁   B. 社会进化

    C. 社会革命   D. 社会现代化

2. 第三次产业革命开始于（   ）。

    A. 20 世纪 20 年代   B. 20 世纪 30 年代

    C. 20 世纪 40 年代   D. 20 世纪 50 年代

3. 社会现代化是（   ）。

    A. 全球的发展过程   B. 一个区域的发展过程

    C. 一个国家的发展过程   D. 一个民族的发展过程

4. 提出社会的理性化实际上是社会现代化的实质的观点的社会学家是（   ）。

    A. 马克思   B. 韦伯

C. 迪尔凯姆   D. 贝尔

5. "后工业社会" 理论的提出者是（   ）。

    A. 贝尔   B. 弗兰克

    C. 奈斯比特   D. 达伦道夫

6. 趋同论最早是（   ）提出的。

    A. 弗兰克   B. 丁伯根

    C. 普雷毕什   D. 沃勒斯坦

7. 在社会现代化的进程中，各国可能有不同的起点，具体条件甚至社会制度也不同，但是现代化道路经历同样的过程。这种理论是（   ）。

    A. 现代化趋同论   B. 依附理论

    C. 多元现代理论   D. 均衡发展理论

8. 世界经济是一个体系，这个体系是由中心国家和边陲国家两个部分构成的，中心国家和边陲国家之间的经济关系是不平等的。这种现代化理论是（   ）。

    A. 信息社会论   B. 社会趋同论

    C. 依附理论   D. 后工业社会论

9. 用体系的观点来审视整个世界及其各部分的发展与变化，改变了依附理论的"中心－边陲"观。这种理论是（   ）。

    A. 社会趋同论   B. 依附理论

    C. 多元现代理论   D. 世界体系论

10. 中国的现代化进程大约始于（   ）。

    A. 1835 年   B. 1840 年

    C. 1912 年   D. 1919 年

11. 中国关于建设"四个现代化"的最早表述是在（   ）。

    A. 1949 年   B. 1956 年

    C. 1963 年   D. 1977 年

12. 中国建设社会现代化进程中最显著的特点是（   ）。

    A. 坚持党的领导   B. 先经济后社会发展

    C. 对外开放   D. 自力更生

（二）多项选择题

1. 理解社会现代化的深刻含义应把握（   ）。

    A. 社会现代化是工业化引起的社会变迁

    B. 由工业化导致的社会变迁是全面和深刻的

    C. 社会现代化以近现代科学技术的发展为基础

    D. 社会现代化的根本表现是人们生活方式的变化

E. 社会现代化是一个全球性发展过程

2. 社会现代化问题提出的意义包括（　　　）。

　　A. 它是重大社会现象，需要研究和实践　　B. 它牵涉整个世界

　　C. 它涉及所有人、各个方面　　D. 它是实践和理论研究的集中关注点

　　E. 它是社会学学科发展的一个新领域

3. 社会现代化的基本内容包括（　　　）。

　　A. 以工业化为核心的经济现代化　　B. 政治现代化

　　C. 组织管理现代化　　D. 文化与科学技术的现代化

　　E. 价值观念与人的现代化

4. 西方一些现代社会学家对社会现代化研究的理论，具有代表性的有（　　　）。

　　A. 帕森斯的五个模式变量　　B. 英格尔斯的人的现代化

　　C. 贝尔的"后工业社会"理论　　D. 施本格勒的"生物有机体"说

　　E. 汤恩比的"社会和自然环境压力"说

5. 贝尔的"后工业社会"理论的主要内容包括（　　　）。

　　A. 从产品生产经济转变为服务性经济　　B. 专业与技术人员阶级处于主导地位

　　C. 理论知识处于中心地位　　D. 控制技术发展，对技术进行鉴定

　　E. 制定决策，创造新的"智能技术"

6. 帕森斯研究社会现代化的模式变量包括（　　　）。

　　A. 情感性 – 感情中立　　B. 集体取向 – 自我取向

　　C. 特殊主义 – 普遍主义　　D. 先赋性取向 – 自致性取向

　　E. 扩散性 – 专一性

7. 关于发展中国家的现代化理论主要包括（　　　）。

　　A. 依附理论　　B. 社会趋同论

　　C. 社会均衡理论　　D. 后工业社会理论

　　E. 世界体系论

8. 中国社会现代化实践的基本特点包括（　　　）。

　　A. 政治制度对经济发展的指导

　　B. 实行先经济后社会的现代化策略

　　C. 利用政策的力量和政治架构的优势进行社会动员

　　D. 对外开放而不依附

　　E. 强调自力更生和创新

9. "后发展"国家的困难包括（　　　）。

　　A. 必须在相当大的范围内处理许多事情

　　B. 必须大量使用自己的生产能源、发展先进技术，以接近"早发展"国家已有的水平

C. 要不断缩小同"早发展"国家之间的差距

D. 世界经济一体化

E. 政治因素干扰

10. 中国社会现代化需要处理的重大战略问题包括（　　　）。

　　A. 经济的持续健康发展

　　B. 社会主要矛盾的处理

　　C. 城市经济体系发展和乡村振兴问题

　　D. 切实处理好发展与稳定的关系

　　E. 形成合理的、符合现代化社会要求的社会结构

（三）重要名词

社会现代化　全球发展理论　"后工业社会"理论　罗马俱乐部　综合国力

（四）思考题

1. 试述社会现代化的内涵与基本内容。

2. 试述现代化趋同论。

3. 试述依附理论及其意义。

4. 试分析发展中国家在现代化进程中的优势和困难。

5. 试述中国社会现代化的目标、实践特点与需要处理的重大战略问题。

四、综合练习参考答案

（一）单项选择题

1. D	2. C	3. A	4. B	5. A	6. B	7. A
8. C	9. D	10. B	11. C	12. A		

（二）多项选择题

1. ABCDE	2. ABCDE	3. ABCDE	4. ABC	5. ABCDE	6. ABCDE	7. ABE
8. ABCDE	9. ABC	10. ABCDE				

（三）重要名词

1. 社会现代化　　　　　（答案参见重要名词、术语1）

2. 全球发展理论　　　　（答案参见重要名词、术语3）

3. "后工业社会"理论　（答案参见重要名词、术语4）

4. 罗马俱乐部　　　　　（答案参见重要名词、术语 5）

5. 综合国力　　　　　　（答案参见重要名词、术语 6）

（四）思考题

1. 试述社会现代化的内涵与基本内容。（答案参见重要理论和难点 1、3）

2. 试述现代化趋同论。（答案参见重要理论和难点 5）

3. 试述依附理论及其意义。（答案参见重要理论和难点 6）

4. 试分析发展中国家在现代化进程中的优势和困难。（答案参见重要理论和难点 10）

5. 试述中国社会现代化的目标、实践特点与需要处理的重大战略问题。（答案参见重要理论和难点 8、9、11）

第十四章　社会调查研究方法

一、重要名词、术语

1. 社会调查研究

社会调查研究是运用科学的方法，系统地、直接地收集有关社会现象的真实情况，并对所得资料进行整理、分析，科学地阐明社会生活的状况及其变动规律的认识活动。

2. 研究假设

研究假设是建立在对调查对象初步了解之上的、关于调查对象的特征及有关现象之间的相互关系所做的推测性判断。研究假设是调查研究之前对问题的尝试性回答。

3. 操作化

操作化是把抽象的概念具体化，使之变为经验层的、能够直接测量的概念的过程。

4. 全面调查

全面调查也称普查，是在较大范围内对被调查对象所包括的全部单位进行的逐一不漏的调查。

5. 抽样调查

抽样调查是从调查研究的总体中抽取部分对象（样本）进行调查，并试图用样本资料来推测或代表总体情况的调查方式。抽样调查的关键是抽样，抽样的组织方式包括简单随机抽样、等距抽样、分层抽样、整群抽样等。

6. 典型调查

典型调查是从调查研究的总体中选取一个或几个有代表性的单位进行全面、深入调查的调查方式。它是通过调查少量典型来了解全局的调查方式，也是中国共产党在长期的革命和建设过程中使用最多，也比较有效的调查方式。

7. 个案调查

个案调查是选择某一社会现象为研究对象，收集与它相关的所有资料，对它进行全面、深入的调查和细致分析的调查方式。

8. 访谈法

访谈法是指调查员同调查对象接触，通过有目的的谈话收集资料的方法。访谈可分为直接访谈和间接访谈。

9.问卷法

问卷法是通过填写问卷（或调查表）来收集资料的一种方法，也是现代社会调查使用得最多的收集资料的方法之一。

10.观察法

观察法是调查者通过耳闻目睹收集和积累具体、生动的感性资料的方法。

11.文献法

文献法是用科学的态度考察文献资料，从中获得真实地反映社会现象的资料的方法。

12.比较分析

比较分析是在相似状况的基础上，将不同单位的同类因素或同一单位不同时期的同一因素进行对比，以发现它们之间的异同及原因的分析方法。

13.统计分析

统计分析是力图通过对大量现象的数量分析去揭示现象的内部联系和质的规定性。统计分析可以分为描述性分析和解释性分析。

14.相关关系

如果变量之间存在数量上的依存关系，但其具体表现又不呈固定的规律性，那么这些变量之间的关系称为相关关系。

二、重要理论和难点

1.社会调查研究的特点

第一，直接从现实社会生活中收集资料并对之进行分析。社会调查研究是面对现实的，它以对现实社会现象的了解、分析为己任，主要依赖第一手资料，是对社会现象的直接、感性的认识。

第二，方法的科学性。社会调查研究是运用科学的方法认识现实社会的活动，科学的方法是社会调查研究的灵魂。社会调查研究所依赖的方法的科学性既包括所运用的具体调查研究方法的科学性，也包括调查研究程序的科学性。

第三，以分析和研究社会现象为目的。社会调查研究的对象是现实的社会生活，是社会现象。其目的是通过对社会现象的了解和分析认识社会，即分析所调查现象的社会意义是社会调查研究的目的所在。

2.社会调查研究的一般程序

第一，选题阶段。选题就是选择和确定社会调查研究的题目，研究题目是一项社会调查研究所要解决的重要问题的概括。选题是社会调查研究的起点。在选题阶段，首先要确定调查研究的领域或范围，以确定社会调查研究属于哪一类社会范畴，然后通过实地考察、文献研究或专家咨询等手段确定具体的社会调查研究题目。

第二，准备阶段。社会调查研究的准备阶段要提出调查研究的设想，制定调查研究的详细方案，即提出研究假设，拟订调查提纲，设计调查表格，确定调查方式、方法，并做好实地调查前的组织准备工作。

第三，实施调查阶段。实施调查阶段要完成收集资料、整理资料两项任务。这是调查员直接向调查对象索取、收集第一手资料的过程。从某种意义上说，这一阶段是整个社会调查研究的关键。

第四，分析总结阶段。分析总结阶段的主要任务是分析实地调查获得的资料，并在此基础上对整个调查资料做出概括和总结。资料分析包括对数字资料的分析和对文字资料的分析，其中包括揭示调查研究对象的数量特征、表面特征，也包括运用比较、归纳、推理或统计方法发现被调查现象各部分之间的内在联系，以检验原来的假设是否成立。

最后是撰写调查报告，对全部调查资料做出客观的、实事求是的总结。

3. 提出研究假设的意义及应遵循的原则

提出研究假设的意义：

研究假设不是个人随心所欲的想法，而是有一定依据的、对所要研究问题的尝试性回答。因此，提出研究假设就具有重要的意义：明确本次调查研究所要解决的主要问题，指出调查研究的努力方向；使调查任务具体化、明确化，指出要收集哪些资料和为什么收集这些资料。好的研究假设可以避免收集资料的片面性和盲目性，提高调查效率。此外，研究假设还是设计调查方案的依据，对整个调查研究起指导作用。

研究假设的形式：

研究假设是由概念构成的。它有三种形式：描述性假设、解释性假设和预测性假设。描述性假设是关于社会现象状态的推测性判断，解释性假设是关于社会现象变动原因或内部关系结构的推测性判断，预测性假设则是对社会现象发展趋向的推测性判断。一般来说，能够对社会现象的内部关系结构给予说明的假设是对社会现象更深刻的认识。因此，解释性假设是更有价值的假设。

提出研究假设应遵循的原则：

① 假设不能与已有的资料相矛盾，即不能与事实相悖；② 假设应力求简短、明显、准确，它是简单明了的一个判断，而不是冗长的述说；③ 假设中不应包含不能被解释的概念，太抽象的、不能被经验验证的概念不应进入假设；④ 假设本身不应包含逻辑上的矛盾。

4. 研究课题的操作化

操作化的含义：

在社会调查研究中，操作化是把抽象的概念具体化，使之变为经验层的、能够直接测量的概念的过程。

在对某一社会现象做初步的宏观认识，提出研究假设时，我们常常使用一些较为抽象的、概括程度比较高的概念。对概念的操作化也叫作给概念下操作定义。操作定义是依据抽象概念的内涵和外延提出的可以观测的调查项目或调查指标的总和。

研究课题操作化的内容：

研究课题操作化包括抽象概念的操作化和研究假设的操作化。

抽象概念的操作化就是把抽象概念逐渐具体化和变得可测量。应该特别指出的是，抽象概念的操作化常常不是"一步到位"，而是需要几个层次的连续操作化来实现，其结果是形成一些可以直接用于测量的指标和项目。在这个过程中，重要的是要注意低层次概念和指标与上一层次概念和指标在内涵和外延上的一致性。前者既不能超出后者的范围，也不要不及后者的范围。因为只有这样，具体概念和指标才能真正代表与反映抽象概念。

研究假设的操作化即抽象命题的具体化。与抽象概念的操作化的意义相同，只有将假设具体化，即转换成具体的假设，它才可能被检验。在这一过程中要运用经验演绎法，从抽象概念推演出经验指标，从研究假设推演出具体假设。实际上，这一过程是以抽象概念的操作化为基础的。正如一个抽象概念的内容可以由几个具体概念来反映一样，一个抽象的研究假设也可以由几个具体假设来表述或反映。

研究课题操作化的形式：

研究课题的操作化具体表现为调查提纲的拟订、调查表格的设计和指标的设计。

调查提纲的拟订是把调查内容条理化、具体化的过程。其功能是指出为了说明概念、检验假设要收集哪些资料。调查提纲有粗细之分，由思路变为大纲，再变为细纲。在拟订调查提纲时要求：围绕调查所要解决的中心问题即研究假设拟订提纲，提纲力求全面、真实地反映所要研究问题的各个方面。

调查表格的设计是对调查提纲的进一步具体化，其中包括指标和项目设计过程。指标是反映社会现象的数量和质量特征的概念，抽象概念的操作化实际上也是设计具体指标的过程。此外，在调查表格中，常使用一些短语或语句来征求调查对象的回答，用以反映某些问题所包含的内容，这些短语或语句称为项目，有时称为题器，即反映某一问题的工具。显而易见，把抽象概念和大问题变为具体概念和具体问题以至项目或题器，就是把研究课题具体化、操作化。

5. 怎样进行选题？

选题的意义：

① 选题涉及调查研究能否顺利进行。任何问题的调查研究都需要具备一定的支持条件，这些条件包括人力、物力资源和社会环境条件，如果题目过大，条件不具备，调查研究就不可能顺利进行。② 选题影响调查研究成果的大小。好的选题不但具有实际意义，而且具有理论意义，可收到事半功倍的效果。如果选题不恰当，调查研究就可能是空耗人力、财力和时间。

选题的制约条件：

一般来说，选题时要考虑进行调查研究的必要性和可能性。

必要性是指进行调查研究的意义，包括理论意义和实际意义两个方面。社会迫切需要研究和解决的是应该优先选择的题目。

可能性即进行调查研究的可行性，是指主、客观因素是否允许进行调查研究。这里的主观因素包括所拥有的人力、物力、财力和时间，包括调查研究者所掌握的知识和技术。客观因素指社会环境条件是否具备，包括调查对象是否能接纳此次调查，社会环境是否允许进行此次调查等。

为了使题目选得更恰当，需要做以下工作：

第一，查阅文献。通过考察和借鉴，明确调查研究的重点，也可能少走弯路。

第二，向知情者和专家咨询。知情者和专家会对所要研究的问题提出自己的意见，这些意见是他们长期感受或深入思索的结果，对研究这一问题很有价值。

第三，初步了解所调查地区、调查对象的情况，包括同调查对象进行接触和查阅相关资料，目的是找准、看准问题。

选题时要注意的问题：

题目不要定得太宽泛、太大。调查研究的成功或价值并不完全取决题目的大小，只要题目有意义，小的、准确的题目也会取得较大的成功。

6.抽样的组织方式

抽样调查常常用于所要研究的总体单位很多、不可能或不需要对所有总体单位进行调查的情况。抽样调查的关键是抽样。抽样有以下几种组织方式：

第一，简单随机抽样。也叫纯随机抽样，是事先对总体单位不做任何人为分组、排列，全凭偶然的机会（概率）抽取样本的抽样方式。它遵循同等概率原则。实施步骤是：① 取得抽样框架，即取得所有被研究对象（总体单位）的名单；② 给总体单位编号；③ 利用随机号码表或直接抽取样本。简单随机抽样较适用于总体单位之间差异较小的情况。

第二，等距抽样。也叫机械抽样或系统抽样。这种方式要求先将总体单位按照某一特征排列起来，然后等间隔地依次抽取样本单位。可以按照与研究主题有关的特征排列，也可按无关特征排列。抽样间隔则等于总体单位数除以样本数所得的商。等距抽样的具体方法是：① 获得抽样框架；② 将总体单位排列起来；③ 计算抽样间隔；④ 在第一个抽样间隔数目的个体中，用随机方法抽取一个个体；⑤ 依照抽样间隔向下依次抽取其他样本单位。

第三，分层抽样。也叫类型抽样或分类抽样。这种方式是先把总体单位按某一特征分类（或分层），然后在各类中随机抽取样本单位。分层抽样实际上是科学分组与随机原则的结合。分层抽样有等比抽样和不等比抽样之分。当各类总数差别过大时，可采用不等比抽样。分层抽样适用于总体单位数量多、各单位之间差异较大的情况。

第四，整群抽样。整群抽样是先按某一标准将总体单位分成群或组，从中抽取群或组，然后将抽样中的群或组所包含的个体合在一起作为样本总体的抽样方式。整群抽样常常用于总体单位空间分布范围很大，单个抽取样本会给实际调查带来很多困难的情况。它的优点是组织工作比较方便。

在大型调查中常常把几种抽样方式结合起来使用，称为多段抽样。

7. 设计调查研究方案

实地调查前组织准备工作的最后一项是设计一个详细、周密、比较切合实际的调查研究方案。方案包含以下内容：

第一，说明调查研究的内容、目的和意义。

第二，说明调查研究的空间范围、调查对象和调查对象单位（也叫研究单位），即说明实际调查的是个人还是家庭、是单位领导还是整个单位。

第三，说明调查方式和方法，尤其要说明采用何种方法收集资料。

第四，确定抽样方案或调查对象单位的获取方法。

第五，明确调查的进行时间、进度和人员安排。

另外，对实地调查应做出详细的规划，画出工作流程图，把任务、时间、人力做统一安排。

8. 访谈法

访谈准备及技巧：

访谈是调查员同调查对象面对面交谈的过程，双方的一言一行都可能影响访谈的结果。因此要想得到满意的结果，调查员就要提前做好准备，并讲求访谈技巧。包括：① 访谈前要尽力做好准备工作，对访谈的主题及其所包含、涉及的问题做尽可能充分的思考，以备向调查对象提出。② 事先通知调查对象，听取调查对象关于所希望的访谈时间、地点的意见。③ 尽可能多地了解调查对象的身份、生活背景及其与所调查问题的关系等情况，以使访谈时发问得体。④ 提前到场，在约定的时间、地点等候调查对象。⑤ 从调查对象手中操办的事情或其切身利益谈起，逐渐引入正题，以与调查对象建立良好关系。⑥ 从简单问题入手，启发调查对象充分发表自己的看法。⑦ 控制话题，避免谈话离题太远。⑧ 注意使用合适的谈话方式，包括姿势、语气、表情，使调查对象认为调查员是在认真听他说话。⑨ 对重要问题可以通过不同方式重复提问，重复调查对象关于此问题的回答，看其是否肯定此说法。⑩ 经调查对象同意后，对所谈内容进行记录。

访谈中应注意的问题：

① 在访谈过程中既要尽量保持活跃的气氛，又要不脱离调查对象所要了解的中心问题；② 要尽量避免环境因素对调查对象的影响，使其能独立地发表意见；③ 在访谈时，要注意调动调查对象广泛发表意见，避免冷场；④ 调查员应对所提问题持中立态度，不能发表自己对问题的看法，也不能做引导性提问；⑤ 随时注意调查对象情绪、态度的变化，了解这种变化的含义；⑥ 在整个访谈过程中要始终抱着虚心求教的态度，尊重调查对象。

使用访谈法能够减少调查对象因文化水平低、理解能力差而给调查造成障碍，所得资料比较细致、充实。使用访谈法的关键是调查员要取得调查对象的真诚合作，同时要做到会问、会听。

9. 问卷法

问卷的类型：

问卷分为封闭式问卷和开放式问卷两种。封闭式问卷是把所要了解的问题和可能的答案全部列出的问卷形式，调查时只需调查对象从已给答案中选择某个答案。开放式问卷只提出问题，不给出可供选择的答案。在现代社会调查中，封闭式问卷得到广泛运用。

问卷的结构：

一份问卷由封面信、说明语、问题和答案几部分组成。

封面信是一封写给调查对象的简短的信，其作用是向调查对象介绍此次调查的目的、意义，以取得调查对象的合作和支持，填写问卷。封面信中首先要说明调查员的身份，其次要概括说明此次调查的大致内容和进行此次调查的目的。最后要说明调查对象的选取方法和对调查结果保密的承诺。

说明语是指导调查对象正确填写问卷的一组说明，其中包括填表方法、要求、注意事项等。

问题和答案是问卷的主体，主要包括三方面内容：① 调查对象的基本资料，如性别、年龄、职业、文化程度等；② 有关行为方面的问题，即调查对象在所调查的问题方面做过什么；③ 调查对象有关态度方面的问题。

问卷的设计：

步骤：设计问卷首先要明确总体思路，实际上研究假设就是这一思路的集中表现。然后根据操作化原理将问题具体化。一般地，可以先按调查提纲将每一问题具体化，再拼凑到一起，进行总体安排、调整和修改，形成问卷初稿。最后通过试用或请教专家等办法，评价问卷是否科学和符合要求，再次修改后定稿、印制。

问卷设计要注意的问题：

① 提问的语句要简短，使人一目了然。② 避免提带有双重含义，即一题两答式的问题。③ 不应提带倾向性的问题，因为带倾向性的问题可能会对调查对象造成诱导。④ 不要提胁迫性问题，即由于社会价值、社会文化等压力使调查对象不得不做出某种回答的问题。⑤ 不要直接提敏感性问题。⑥ 不要问调查对象不知道或超出其知识范围的问题。

在排列问题时要遵循先易后难、先一般后敏感、先封闭后开放的原则。

问卷的使用：

邮寄式是通过邮寄将问卷送至调查对象手中，请其填好后寄回。这种方式比较简便，使用范围广，但回收率一般较低。

送发式是调查员将问卷送至调查对象手中，向他交代清楚注意事项，然后调查对象自己填写问卷，调查员按约定时间收取问卷。

访问式是调查员手执问卷面访调查对象，由调查员按照问卷提出问题，调查对象回答和填写，也可由调查员代填，之后当场收回填好的问卷。这种方式回收率高，对调查过程有一定控制和了解，是较好的问卷收集方式，但费用较高。

10. 调查资料的审核与整理

调查资料的审核：

审核调查资料要坚持如下原则：① 真实性原则。看资料是否真实反映了调查对象的情况。② 准确性原则。看资料是否准确、精确地反映了调查对象的质量、数量特征。③ 标准性原则。在大规模调查中，看对不同调查研究单位的调查是否标准划一，具有可比性。④ 完整性原则。检查每一份调查资料是否按要求达到完整无缺。

审核调查资料包括以下重点内容：检查已调查对象是否属于原定调查范围；检查所获资料是否对原要求有遗漏；检查所获资料是否有错填、错答之处；检查各份调查资料在同一问题上的尺度是否划一；检查同一份资料中答案是否存在明显逻辑错误；判断资料的真实性和可靠性。

审核调查资料可使用以下方法：

第一，对于第一手资料，要对照调查提纲或调查表（问卷），看二者是否完全相符，是否与原定调查口径有出入；如果资料可通过不同渠道获得，看通过不同渠道得到的资料是否一致；对所获资料做常识性判断，即判断它与常识是否相符合。

第二，对于第二手资料，要认真审核资料的编写者、编写时间及历史背景；对资料做横向和纵向比较，看是否有矛盾之处；在审核统计资料时，要注意原资料的定义和分组标准是否与本次研究的标准一致。

由于一旦审核出问题就需要补正，因此审查资料的工作多在调查地进行，获得资料后随即进行审核。

资料的整理：

资料的整理就是根据调查目的将审核过的资料条理化和系统化。

第一，文字资料的整理。整理文字资料要做以下工作：① 按照调查研究提纲或研究专题需要将资料归类，即将同类资料放在一起；② 提出资料的核心内容，加小标题或进行摘要，使各类资料的内容更明确；③ 按调查要求对各类资料做编排修整，在各类资料之间建立初步联系。文字资料的整理是一个"去粗取精、去伪存真"的过程，其基本要求是真实、具体、简明、扼要。

第二，数字资料的整理。数字资料的整理工作包括：① 编码。首先对所有问卷（调查表）编码，再对每一问题的全部选择性答案排列编号。后一部分编码一般在设计问卷时进行，称为事前编码。为了使编码顺利进行，常需编制编码手册。② 登录。登录即将编码后得到的数字资料按照顺序一一登录在登录表上，或录入计算机中。前者为手工登录，后者为机器录入。③ 汇总。将已登录的资料按调查研究分析的需要分类汇总。手工汇总要编制一些统计表。统计表分为简单表、分组表和复合表，由题目、横栏标题、纵栏标题组成。习惯上统计表上、下端线以粗线绘制，左、右两端不画端线，采用开口式。

11. 调查报告的撰写

调查报告是用来反映社会调查研究成果的书面报告。它是以文字等形式将调查研究的过程、研究方法和结果告诉有关读者的手段，是整个社会调查研究的总结。

根据调查报告的用途、读者对象的不同，调查报告可分为工作性调查报告、学术性调查报告和普通调查报告。

调查报告的写作：

题目。调查报告的题目有如下几种写法：① 直接陈述调查研究的问题。② 问题式题目，即以提出问题的方式列出题目。这种题目醒目，能吸引读者的注意力，以严重问题为中心的调查报告多以此类为题目。③ 有些调查以小见大，即通过对某一局部的调查得出一般结论，这时可以采取题目加副标题的办法，即题目陈述调查得到的一般认识，副标题说明该结论来自哪一个调查。

导言。导言是调查报告的开头，一般要交代调查的任务，进行调查的目的和意义；还要交代在这个问题上别人已经做过什么研究、取得的主要成果；最后要交代调查的范围、使用的调查方法。导言一般较简短。

正文。正文是调查报告的主体。在这一部分要按照一定的思路展示资料，通过分析、比较、归纳提出看法和判断一般来说，这一部分是按照研究假设的思路写作的。根据社会现象的内在联系和各种逻辑，由浅入深地分析和揭示问题的实质，最后得出总的结论。正文常常按照事物发展的时间顺序展开。

结尾。结尾部分的任务是对此次调查研究的成果做出总结，常常要把正文的一些观点、判断再次进行概括、升华，对所研究现象的性质得出更深刻的认识。

撰写调查报告应该注意的问题：

第一，主题突出，层次分明。调查报告必须突出主题，即紧紧围绕主题展示资料，进行分析。在此过程中要注意层次，即要按照事情发展的时间顺序和内在联系，有逻辑地进行分析，切忌轻重不分、主次不分、思路混乱。

第二，尊重事实，科学运用资料。调查报告的要点是用事实说话，不做无根据的判断。因此，调查报告中的判断、结论都是在摆出资料后做出的。在运用资料时应该客观、实事求是，而不应根据自己的好恶随意删减资料。

第三，概念明确，推理正确。在调查报告中，重要概念都要有定义，或说明它的内涵与外延，避免使用生僻的、读者不易理解的概念。在使用推理时，应该注意推理范围和逻辑，不应没有根据、不讲条件地过度推理。

第四，语言生动、精练。在撰写调查报告时可使用科学语言，也可使用有表现力的大众语言。要避免简单的资料堆积、数字罗列，避免"拖泥带水"；避免板着面孔说话，语言可稍活泼一些，但绝不能写成散文式的东西；要避免艺术夸张，文风要质朴。

三、综合练习

（一）单项选择题

1. 社会调查研究的基础工作是（   ）。

    A. 假设   B. 调查

    C. 访谈   D. 总结

2. 社会调查研究的灵魂是（   ）。

    A. 收集资料   B. 分析社会现象

    C. 科学的方法   D. 严谨的报告

3. 把自然科学的方法论作为自己的基本原则，认为科学的假说必须由经验事实来检验，某一理论只有当它得到经验证据的完备支持时才可以接受的方法论是（　　）。

    A. 实证主义方法论　　　　　　　　B. 人文主义方法论

    C. 经验主义方法论　　　　　　　　D. 马克思主义方法论

4. 建立在对调查对象初步了解之上的、关于调查对象的特征及有关现象之间的相互关系所做的推测性判断是指（　　）。

    A. 确定选题　　　　　　　　　　　B. 调查的准备

    C. 研究的操作化　　　　　　　　　D. 研究假设

5. 从调查研究的总体中选取一个或几个有代表性的单位进行全面、深入调查的调查方式是（　　）。

    A. 普查　　　　　　　　　　　　　B. 抽样调查

    C. 典型调查　　　　　　　　　　　D. 个案调查

6. 事先对总体单位不做任何人为分组、排列，全凭偶然的机会（概率）抽取样本的抽样调查的组织方式是（　　）。

    A. 简单随机抽样　　　　　　　　　B. 等距抽样

    C. 分层抽样　　　　　　　　　　　D. 整群抽样

7. 先把总体单位按某一特征分类（或分层），然后在各类中随机抽取样本单位的抽样调查的组织方式是（　　）。

    A. 随机抽样　　　　　　　　　　　B. 等距抽样

    C. 分层抽样　　　　　　　　　　　D. 整群抽样

8. 调查员同调查对象接触，通过有目的的谈话收集资料的方法是（　　）。

    A. 访谈法　　　　　　　　　　　　B. 问卷法

    C. 观察法　　　　　　　　　　　　D. 文献法

9. 通过填写问卷（或调查表）收集资料的一种方法是（　　）。

    A. 访谈法　　　　　　　　　　　　B. 问卷法

    C. 观察法　　　　　　　　　　　　D. 文献法

10. 用科学的态度考察文献资料，从中获得真实地反映社会现象的资料的方法是（　　）。

    A. 访谈法　　　　　　　　　　　　B. 问卷法

    C. 观察法　　　　　　　　　　　　D. 文献法

（二）多项选择题

1. 社会调查研究的一般程序包括（　　）。

    A. 讨论协商阶段　　　　　　　　　B. 选题阶段

    C. 准备阶段　　　　　　　　　　　D. 实施调查阶段

E. 分析总结阶段

2.在调查研究题目确定的过程中，需要做的工作是（　　　）。

A. 请示领导　　　　　　　　　　　B. 查阅文献

C. 开会研究　　　　　　　　　　　D. 向知情者、专家咨询

E. 初步了解所调查地区、调查对象的情况

3. 研究假设的形式包括（　　　）。

A. 检验性假设　　　　　　　　　　B. 历史性假设

C. 描述性假设　　　　　　　　　　D. 解释性假设

E. 预测性假设

4. 调查方式和方法包括（　　　）。

A. 全面调查　　　　　　　　　　　B. 抽样调查

C. 典型调查　　　　　　　　　　　D. 个案调查

E. 函询调查

5. 抽样调查的组织方式包括（　　　）。

A. 简单随机抽样　　　　　　　　　B. 等距抽样

C. 分层抽样　　　　　　　　　　　D. 整群抽样

E. 多段抽样

6. 调查资料的收集方法包括（　　　）。

A. 访谈法　　　　　　　　　　　　B. 问卷法

C. 观察法　　　　　　　　　　　　D. 文献法

E. 推断法

7. 一份问卷的组成结构包括（　　　）。

A. 封面信　　　　　　　　　　　　B. 说明语

C. 提示词　　　　　　　　　　　　D. 问题

E. 答案

8. 审核资料应坚持的原则包括（　　　）。

A. 效率性原则　　　　　　　　　　B. 真实性原则

C. 准确性原则　　　　　　　　　　D. 标准性原则

E. 完整性原则

9. 调查报告的类型一般包括（　　　）。

A. 工作性调查报告　　　　　　　　B. 预测性调查报告

C. 学术性调查报告　　　　　　　　D. 人文性调查报告

E. 普通调查报告

10. 撰写调查报告应该注意的问题包括（　　　）。

A. 主题突出，层次分明　　　　　　B. 尊重事实，科学运用资料

C. 概念明确，推理正确　　　　　　　D. 语言生动、精练

E. 避免艺术夸张，文风要质朴

（三）重要名词

社会调查研究　研究假设　操作化　抽样调查　典型调查　访谈法　问卷法　文献法
相关关系

（四）思考题

1. 试述社会调查研究的一般程序。

2. 进行社会调查研究应该怎样选题？

3. 什么是研究课题的操作化？研究课题操作化有哪些形式？

4. 应该怎样正确地使用访谈法收集资料？

5. 什么是问卷？问卷设计的步骤是怎样的？

6. 调查报告由哪几部分构成？撰写调查报告应该注意哪些问题？

四、综合练习参考答案

（一）单项选择题

1. B　　2. C　　3. A　　4. D　　5. C　　6. A　　7. C
8. A　　9. B　　10. D

（二）多项选择题

1. BCDE　2. BDE　3. CDE　4. ABCD　5. ABCDE　6. ABCD　7. ABDE
8. BCDE　9. ACE　10. ABCDE

（三）重要名词

1. 社会调查研究　（答案参见重要名词、术语1）

2. 研究假设　（答案参见重要名词、术语2）

3. 操作化　（答案参见重要名词、术语3）

4. 抽样调查　（答案参见重要名词、术语5）

5. 典型调查　（答案参见重要名词、术语6）

6. 访谈法　（答案参见重要名词、术语8）

7. 问卷法　（答案参见重要名词、术语9）

8. 文献法　（答案参见重要名词、术语11）

9. 相关关系　　　　　（答案参见重要名词、术语 14）

（四）思考题

1. 试述社会调查研究的一般程序。（答案参见重要理论和难点 2）

2. 进行社会调查研究应该怎样选题？（答案参见重要理论和难点 5）

3. 什么是研究课题的操作化？研究课题操作化有哪些形式？（答案参见重要理论和难点 4）

4. 应该怎样正确地使用访谈法收集资料？（答案参见重要理论和难点 8）

5. 什么是问卷？问卷设计的步骤是怎样的？（答案参见重要理论和难点 9）

6. 调查报告由哪几部分构成？撰写调查报告应该注意哪些问题？（答案参见重要理论和难点 11）

期末复习指导

"社会学概论"是国家开放大学经济管理类、行政管理类等专业开设的专业基础课程，为了便于复习，现对期末考试有关情况做简单介绍，以供参考。

一、有关说明

1. 考核对象

国家开放大学经济管理类、行政管理类选择本课程学习的学生。

2. 启用时间

2021 年春季开始使用。

3. 考核目标

通过考核，学生应能理解和掌握社会学的基本知识、基本原理，训练分析问题、解决实际问题的思维能力，加深对社会发展的基本规律的理解。

4. 考核依据

本课程的命题依据是本考核说明和本课程的教学大纲、文字教材，文字教材为《社会学概论》(第 3 版)(主编为北京大学王思斌教授，副主编为国家开放大学刘臣教授，国家开放大学出版社出版发行)。本考核说明是形成性考核和终结性考试命题的基本依据。

5. 考核方式及计分方法

课程总成绩达到 60 分及以上（及格），可获得本课程相应学分。

二、考核方式说明及要求

（一）形成性考核

1. 考核目的

加强对学生平时自主学习过程的指导和监督，重在对学生自主学习过程进行指导和检测，引导学生按照教学要求和学习计划完成学习任务，达到掌握知识、提高能力的目标，提高学生的综合素质，与分部教师共同实现教学过程的引导、指导和管理。

2. 考核形式

形成性考核由 4 次记分作业构成。

由国家开放大学统一命题（也可由各分部命题），国家开放大学分部负责组织成绩判定。形成性考核成绩占课程总成绩的 50%（形成性考核成绩、每次形成性考核作业成绩均按百分制计分，每次形成性考核成绩占形成性考核总成绩的 25%）。目的是强化教学过程的教学效果，培养、考察学生的综合素质。

3. 形成性考核及考核要求

形成性考核按百分制计成绩，每次形成性考核任务按照百分制计成绩。形成性考核任务与要求见表2。

表 2　形成性考核任务与要求

序次	章节	形式	布置时间	提交时间	权重
1	第四章	理论联系实际分析	第 4 周	第 5 周末	25%
2		阶段性测验	第 8 周	第 9 周末	25%
3	第十二章	理论联系实际分析	第 12 周	第 13 周末	25%
4		阶段性测验	第 16 周	第 17 周末	25%

（题目各分部可根据教学实际自行安排）

（二）终结性考试

1.考试目的

终结性考试是在形成性考核的基础上，对学生学习情况和学习效果进行的全面检测。

2.命题原则

第一，本课程的考试命题严格控制在教学大纲规定的教学内容和教学要求的范围之内。

第二，考试命题覆盖本课程教材，既全面又突出重点。

第三，试题难度适中。一般来讲，可分为容易、适中、较难三个程度，所占比例大致为："容易"占30%，"适中"占50%，"较难"占20%。

3.考试内容

本课程的考试内容是教学大纲和本考核说明规定的主要内容，其中以本考核说明规定的主要内容为主。在教师辅导和学生学习的过程中，依据本考核说明规定的"重点掌握""掌握"两个层次把握。

重点掌握的部分：是指本课程中的重要原理或与我国社会发展、经济建设密切相关的内容，是学生进一步学习其他专业知识、与企业管理和行政管理等工作密切相关的内容。对于这部分内容，要求学生准确记忆、深刻理解，并能灵活运用于现实经济生活。

掌握的部分：是指本课程的基本知识。对于这部分内容，要求学生正确理解、准确记忆，并能对相近或相关理论进行比较分析。

考试内容的分布：重点掌握的内容占90%左右，掌握的内容占10%左右。

4.考试方式

终结性考试采用纸质、闭卷的方式，各分部按照总部的安排组织实施。

终结性考试成绩占课程总成绩的50%。

5.考试时限

终结性考试时间长度为90分钟。

三、复习的基本要求

第一，全面、认真阅读教材，深刻领会基本理论，在此基础上注意重点内容、重要名词（重点内容为本学习指导所列内容）。在复习过程中，应结合录像及学习指导加以理解，这样才能准确把握本课程的重要内容。

第二，注意理论联系实际。社会学本身是一门理论性与实践性都很强的学科。在学习时，学生可能会意识到一些重要理论、名词均来自现实生活，这些理论是否适用于工作和生活，能否对工作和学习有指导意义，是学习本课程的目的，因此在复习过程中要注意运用社会学的理论来回答现实中的问题，这也是在编写教材和录制视频中应注意的问题。

四、命题的指导思想

通过复习考试，学生应全面、系统、准确地了解社会学的学科体系、研究对象和范畴，掌握社会学是怎样认识和解释社会现象的。希望学生能够注意到社会学"从变动着的整体理解问题"这一角度，同时还希望学生能在基本理论方面联系实际。社会学的理论是丰富多彩的，其所能联系的实际也是复杂多样的，所强调的理论联系实际主要集中在我国社会主义现代化建设以及人们的现实工作、学习和生活等方面。这些将是考试命题的依据。

五、考试题型及答题要求

本课程考试的形式为闭卷。题型如下：

（1）单项选择题：检验学生对基本知识的掌握程度。主要以本学习指导上提供的练习为主，回答这一问题时要求准确无误。（比重 30 分）

（2）多项选择题：检验学生对重要知识、基本原理的掌握程度。主要以本学习指导上提供的练习为主，回答这一问题时要求准确无误。（比重 15 分）

（3）配伍题：检验学生对基本概念的掌握程度。考试中的名词以基本名词和重点、中心名词为主。所谓基本名词和重点、中心名词，是指在社会学的某一领域有相当大的涵盖和解释能力的概念。回答时只要求将试卷中的名词与提供的答案一一对应起来。（比重 20 分）

（4）简答题：检验学生对基本理论、基本原理的掌握程度。这些问题一般出现在教材中阐述比较完整、层次比较清晰的问题上。回答这类问题时，要求思路清晰、条理分明，对题目所涉及的要点要叙述全面、完整、准确，同时对每个要点要稍做解释。（比重 15 分）

（5）论述题（问答题）：检验学生对社会学的重点理论、重点原理的掌握程度。这类题有两种：一种为深入阐述题。通过对比分析，说明问题的实质。回答时要求首先解释本题所涉及的中心名词，然后阐述问题的基本要点，要点要完整、全面，分析时要清晰、有条理。

另一种为联系实际题。回答时首先也要解答问题中所涉及的中心名词，然后阐述理论要点，从而给出理论的全貌；其次，联系实际时，理论要点与现实要扣得准确、适当，要避免所涉及的理论与现实相脱节的现象。最后，能根据要点，联系实际得出最终结论。（比重20分）

六、各章的复习范围

第一章　社会学的研究对象与学科特点

重要名词：

《群学肄言》　社会学　社会　社会关系　社会结构　社会行动　社会过程　理论社会学　应用社会学　社会学研究方法

重点掌握：

1. 社会学产生的历史背景

2. 社会学的含义与特点

3. 马克思主义阐述社会的理论

4. 社会学与历史唯物主义的关系

5. 社会学的功能

掌握：

1. 社会学学科的形成

2. 中国社会学产生的历史背景及过程

3. 社会学研究的领域

第二章　人的社会化

重要名词：

人的社会需要　人的社会化　心理上的断乳　代沟　继续社会化　再社会化　个性

重点掌握：

1. 人的社会需要的地位

2. 马克思主义的需要理论

3. 马斯洛的需要层次理论

4. 人的社会化的必要性和可能性

5. 基本社会化的内容

6. 继续社会化的动因

7. 继续社会化、再社会化和特殊社会化的异同

掌握：

1. 人的社会需要的特点

2. 社会化的实施机构

3. 社会化与个性形成的关系

第三章　社会交往

重要名词：

社会交往　群体交往　竞争　合作　冲突　"镜中自我"　情境定义　社会角色　角色丛　角色扮演　角色冲突　角色中断

重点掌握：

1. 社会交往的意义

2. 竞争成立需要满足的条件

3. 合作顺利进行需要满足的条件

4. 马克思的社会交往理论

5. 符号相互作用论

6. 社会交换理论

7. 角色扮演的基本阶段

掌握：

1. 社会交往的类型

2. 人际关系与社会关系的关系

3. 社会角色的类型

4. 角色扮演中的问题

第四章　初级社会群体

重要名词：

社会群体　初级社会群体　家庭　家庭关系结构　核心家庭　主干家庭

重点掌握：

1. 社会群体的形成原因与一般特征

2. 初级社会群体的特征与功能

3. 家庭的社会功能

4. 中国传统婚姻家庭的特征及转型中中国婚姻与家庭的重大变化

5. 中国城乡家庭功能的异同

掌握：

1. 社会群体的类型

2. 初级社会群体形成需具备的条件

3. 家庭的类型及社会功能

第五章　社会组织

重要名词：

社会组织　社会组织的结构　社会组织的目标　组织过程　社会组织的管理　家长制　霍桑实验　"X理论"与"Y理论"　科层制

重点掌握：

1. 社会组织的特征及构成要素

2. 家长制

3. 科学管理理论

4. "经济人"假设与"社会人"假设对管理策略的不同要求

5. 科层制的功能

6. 我国组织管理方面存在的问题

掌握：

1. 社会组织与环境的关系

2. 怎样理解社会组织的目标是一个系统

3. 社会组织存续的条件

4. 一般管理理论

第六章　社区

重要名词：

社区　社区研究　农村社区　城市社区　区位结构　城市化　城市化水平　过度城市化　社区建设

重点掌握：

1. 社区的构成要素

2. 农村社区和城市社区的特征

3. 城市化及其动力

4. 城乡协调发展

5. 我国的新农村建设与乡村振兴

掌握：

1. 社区与社会的联系和区别

2. 芝加哥学派的社区研究

3. 改革开放以来我国的城市发展

4. 城市社区建设

第七章　社会阶层与社会流动

重要名词：

社会分化　社会阶层　阶级　社会分层　社会流动　水平流动　垂直流动　精英

重点掌握：

1. 马克思主义的阶级理论

2. 社会分化与社会分工的关系

3. 社会分层的三标准和三种理论

4. 影响社会流动的因素

掌握：

1. 社会阶层的基本特征和社会阶层研究的意义

2. 改革开放以来我国社会阶层的变化及意义

3. 改革开放以来我国的社会流动

第八章　社会制度

重要名词：

社会制度　社会制度体系　社会整合　制度的生命周期　制度建设　制度化　制度变迁

重点掌握：

1. 社会制度的含义与特征

2. 社会制度的构成要素

3. 社会制度的功能

4. 走向社会现代化进程中的制度建设

掌握：

1. 怎样理解三个层次社会制度的关系

2. 社会制度的类型与体系

3. 制度的生命周期

第九章　社会控制

重要名词：

社会控制　社会秩序　社会控制方式　习俗　道德　法律　纪律　社会舆论　越轨行为　犯罪行为

重点掌握：

1. 社会控制的功能

2. 道德和法律的社会控制作用

3. 习俗与道德、道德与法律的区别

4. 用社会失范论、"手段 – 目标"论分析社会现象

5. 从社会管理到社会治理

掌握：

1. 社会控制的类型

2. 宗教和社会舆论的社会控制作用

3. 犯罪的预防与治理

第十章　社会问题

重要名词：

社会问题　社会失调　人口问题　人口老龄化　就业问题　失业　失业率　贫穷 贫穷的恶性循环理论

重点掌握：

1. 社会问题产生的一般原因

2. 人口问题的实质、我国人口问题的一般现状及解决途径

3. 失业的成因与影响

4. 我国的就业问题

5. 改革开放以来我国的反贫困实践

掌握：

1. 社会问题与社会发展的关系

2. 就业的意义

3. 贫穷的类型和理论解释

第十一章　社会保障与社会工作

重要名词：

社会保障　社会保险　社会救助　社会福利　社会工作　社区发展　乡村建设运动 就业保障

重点掌握：

1. 社会保障的内容与功能

2. 社会保险、社会救助、社会福利的区别与联系

3. 社会工作的工作方法与功能

4. 社会工作与社会保障的关系

5. 我国的社会保障与社会工作实践

掌握：

1. 社会保障的特点

2. 我国社会保障制度的理论基础

3. 我国流行的社会工作与专业社会工作的异同

4. 我国就业保障制度的得失

第十二章　社会变迁

重要名词：

社会变迁　社会进化　社会革命　社会进步　社会倒退　社会规划

重点掌握：

1. 促使社会变迁的因素

2. 马克思主义的社会变迁理论

3. 社会进化论

4. 社会均衡论

5. 全球发展理论

6. 社会发展战略

掌握：

1. 社会变迁的类型

2. 历史循环论

3. 中国百余年来的社会变迁

第十三章　社会现代化

重要名词：

社会现代化　全球发展理论　"后工业社会"理论　罗马俱乐部　综合国力

重点掌握：

1. 社会现代化的基本内容

2. 现代化趋同论

3. 依附理论

4. 中国社会现代化实践的特点

5. 中国社会现代化需要处理的重大战略问题

6. 社会主义现代化与资本主义现代化的异同

掌握：

1. 社会现代化的内涵与问题提出的意义

2. 世界体系论

3. 中国社会现代化的目标

4. "后发展"国家的优势和困难

第十四章 社会调查研究方法

重要名词:

社会调查研究　研究假设　操作化　抽样调查　典型调查　访谈法　问卷法　文献法　相关关系

重点掌握:

1. 社会调查研究的一般程序

2. 提出研究假设的意义及应遵循的原则

3. 设计调查研究方案

4. 访谈法

5. 问卷法

6. 调查报告的撰写

掌握:

1. 社会调查研究的特点

2. 研究课题的操作化

3. 怎样进行选题

4. 抽样调查的组织方式

5. 调查资料的审核与整理

第十四章不是社会学的重点内容,可以不作为考试的重点,但要求大家掌握上述名词与问题。同时,我们希望大家掌握选题、调查提纲的拟订及调查报告的撰写等内容。

期末考试
试题样题

2020 年　月

题号	一	二	三	四	五	总分
分数						

得分	评卷人

一、单项选择题（每空 2 分，总计 30 分，请将你认为是正确答案的序号填入题后的括号内）

1. 工作安定属于哪种需要？（　　　）

　　A. 生理的需要　　　　　　　　　　B. 安全的需要

　　C. 归属与爱的需要　　　　　　　　D. 自尊的需要

2. 文化是指（　　　）。

　　A. 人类创造的物质财富　　　　　　B. 人类得到的科学知识

　　C. 人类遵循的行为规范　　　　　　D. 人类创造的一切财富

得分	评卷人

二、多项选择题（每空 3 分，总计 15 分，请将你认为是正确答案的序号填入题后的括号内）

1. 社会调查研究的一般程序包括（　　　）。

　　A. 讨论协商阶段　　　　　　　　　B. 选题阶段

　　C. 准备阶段　　　　　　　　　　　D. 实施调查阶段

　　E. 分析总结阶段

2. 在调查研究题目确定过程中，需要做的工作是（　　　）。

　　A. 请示领导　　　　　　　　　　　B. 查阅文献

　　C. 开会研究　　　　　　　　　　　D. 向知情者、专家咨询

　　E. 初步了解调查地区、调查对象的情况

得分	评卷人

三、配伍题（每题 2 分，总计 20 分）

1. 社会调查研究（　　　）

2. 访谈法（　　　）

　　A. 是指调查员同调查对象接触，通过有目的的谈话收集资料的方法。访谈可分为直接访谈和间接访谈

　　B. 是指运用科学的方法，系统地、直接地收集有关社会现象的真实情况，并对所得资料进行整理、分析，科学地阐明社会生活的状况及其变动规律的认识活动

得分	评卷人

四、简答题（共两题，一题 8 分，一题 7 分，总计 15 分）

1. 历史唯物主义与社会学的关系（8 分）

2. 影响社会流动的因素（7 分）

得分	评卷人

五、论述题（总计 20 分）

调查研究报告由哪几部分构成？撰写调查研究报告应该注意哪些问题？